何をしてもうまくいく人のシンプルな習慣

ジム・ドノヴァン

弓場 隆 訳

ディスカヴァー
携書
177

はじめに

　これは自己改善のための本ではない。あなたはいまのままで、いましていることで、すでに完璧なのだ。しかし、さらに成長し発展していくことはできる。この本は、あなたの成長と発展のための手引書として書かれたものだ。

　あなたは末永く、楽しくて豊かでエキサイティングな人生を送る権利がある。それは、あなたが生まれながらにしてもっている権利なのだ。もしそれ以下のことしか経験していないなら、あなたは自分を見くびっていることになる。

　私は、エキサイティングな人生をあなたに提供できるなどと主張するつもりはない。しかし、私を含め、数え切れないほど多くの人の人生の質を高め、人間としての潜在能力を最大限に発揮させるのに役立った考え方やテクニックのいくつかを分かち合おうと思う。

　私は、本書で紹介されている考え方を自分の人生で実際に使ってきた。したがって、これは理論書ではない。私は自分の考え方の効果を身をもって証明した「生き証人」なのだ。

私の意図は、シンプルなテクニックをあなたと分かち合うことだ。それは簡単とはかぎらない。

そもそも簡単であれば努力などはいらない。本書に書かれている考え方を実践するには、かなりの努力が必要になるが、より幸福な人生が手に入るという見返りがある。努力するだけの価値のある結果が得られるのだ。

この本に書かれている情報の中には、あなたにとって新しいものもあるし、すでに学んだものもあるだろう。大切にしたいと思うものもあれば、拒絶したくなるものもあるはずだ。そこで……

本書のすべてを疑ってかかること。

何事もそのまま受け入れてはいけない。もし自分にとって正しくないと感じたら、その部分を無視すればいい。あまりにも多くの人が私たちにこうしろ、ああしろと言ってきた。しかし、私たちが自分にとって正しいと感じることに基づいて自分で決定する時がやってきたのだ。その決定は、自分にとって正しいことのみに基づくものだ。

しかし、この本の中の何かにピンときたら、それを自分のものにしてほしい。ここに書かれている考え方とともに働き、遊んでみてほしい。エクササイズをやってみよう。時おり、自分の進歩を計るために見直してみるといい。想像力をかきたて、楽しもう。そしてなによりも、自分に正直になってみよう。

ジム・ドノヴァン

もしあなたが自信をもって夢に向かって前進し、
理想の人生を送る努力をするなら、
思いもよらない成功をおさめることができるだろう。

ヘンリー・デイヴィッド・ソロー(アメリカの思想家)

何をしてもうまくいく人のシンプルな習慣　もくじ

はじめに　3

第1章　自分の人生に責任をもつ

1　幸福であることを選ぶ　18
2　自分のいる環境と自分自身を受け入れる　20
3　自分の人生の全責任をとる　22
4　変えられないものは、受け入れる　24
5　自分からすすんで行動する　26
6　人生の目的をもつ　28
7　あきらめない　30
8　目的に対してコミットメントをもつ　32

第2章　ポジティブに考える

9　うまくいくと信じる　36
10　自分の能力に確信をもつ　38
11　失敗を恐れない　40
12　自分を肯定する　42
13　感謝する　44
14　自分が手に入れたいものを知る　46
15　自分が手に入れたいものに常に意識を向ける　48
16　年齢を気にしない　50
17　思い切ってやってみる　52

第3章　目標を定める

18　人生の目標と計画をもつ　56
19　目標の理由をはっきりさせる　58
20　目標が具体的になっている　60
21　目標を紙に書く　62
22　短期目標を設定する　64
23　目標を実現した自分の姿を想像する　66
24　目標を達成する期限を決める　68
25　目標に意識を集中する　70
26　視点を変えて気分を変える　72
27　自分の勝利を祝う　74
28　「宝の地図」を使う　76

第4章　行動を起こす

29　いますぐ行動を起こす　80
30　先延ばしをしない　82
31　いつかしたいと思っていることをいま始める　84
32　すばやく決断をくだす　86
33　小さな目標を達成して成功体験をもつ　88
34　うまくいっている人をお手本にする　90
35　力を与える質問を自分にする　92
36　朝、目が覚めたら自分に質問する　94
37　ポジティブな気分を高める言葉を使う　96
38　「〜しようと思う」ではなく「〜する」と言う　98
39　「できない」と言うのをやめる　100

40 優先して実行することを決める 102
41 自分の業績を書き出す 104

第5章 人との関わりを築く

42 約束を守る 108
43 感謝の手紙を送る 110
44 時間を守る 112
45 真の友人を手に入れる 114
46 人をほめる 116
47 自分の成功を社会に還元する 118
48 好奇心をもつ 120
49 すすんで人に与える 122

第6章　毎日を楽しむ

50　体を動かす　126
51　深い呼吸をする　128
52　自分の健康は自分で管理する　130
53　絶えずプラス思考を心がける　132
54　変化を受け入れる　134
55　ストレスへの対策をとる　136
56　上を向く　138
57　心の痛みを感じる自分を許す　140
58　立ち直る力を身につける　142
59　好きなことを仕事にする　144
60　自分の仕事を楽しむ　146

61 遊ぶ時間をつくる 148
62 人生を祝う 150

第7章 夢を実現する

63 創造性を発揮する 154
64 流れに身をまかせる 156
65 前向きな質問を自分に投げかける 158
66 問題解決に取り組む 160
67 問題を前向きにとらえる 162
68 見返りを求めずに与える 164
69 自分の恐怖心と向き合う 166
70 心変わりを自分に許す 168
71 絶えず努力する 170

72 ほしいものに意識を集中する 172

第8章　より大きな成功を目指す

73 大きな夢をもつ 176
74 手に入れたいものを鮮明にイメージする 178
75 理想を実現した自分として行動する 180
76 経済的成功を楽しむ 182
77 お金とモノをコントロールする 184
78 アドバイスを求める相手は慎重に選ぶ 186
79 成功者をまねる 188
80 自分の創造性に気づく 190
81 能力を高めるための読書に時間を投資する 192

付録　習慣を身につけるエクササイズ

EXERCISE 1　自分の棚卸し　196
EXERCISE 2　変化を起こす　198
EXERCISE 3　目的を見つける　200
EXERCISE 4　行動する理由を見つける　202
EXERCISE 5　何を手に入れたいかをはっきりさせる　204
EXERCISE 6　自分が恐れているものをはっきりさせる　206
EXERCISE 7　目標を設定する　208
EXERCISE 8　理想の日を創り出す　210
EXERCISE 9　ほしいものを手に入れる三つのステップ　212
EXERCISE 10　思いやりのある行為をする　214

おわりに　216
訳者あとがき　218

第1章

自分の人生に責任をもつ

幸福へと続く道はない。
幸福が道なのだ。

ウェイン・ダイアー（アメリカの心理学者）

1

幸福であることを選ぶ

多くの人が幸福を自分の外に探し求めているが、実際には、幸福とはいつでも選べるものなのだ。「幸福とは内側の仕事である」という名言がある。幸福であるかどうかを選ぶのは自分自身だ、という意味だ。

幸福になるのを待っていてもしかたがない。自分の手で自分を幸福にするべきなのだ。この本は、あなたが幸福を探し求めるのに役立つ方法を紹介している。しかし大切なのは、より幸福な人生を送るためのカギを握っているのは、最終的には自分自身であるということに気づくことだ。

あなたはどんな時でも、現状を自由に解釈することができる。自分の力を信じることなく、環境に圧倒されて幸福を手放すこともできるし、身の回りで何が起ころうとも幸福になるという、生まれながらにしてもっている権利を主張することもできる。

考えてみよう。あなたはいままで、自分ではどうにもならないことのせいで不幸を感じたことがどれくらいあるだろうか。他人からの評価どころか、天候にまで感情を左右されたことが何度もあるのではないか。

私自身、自分の人生に欠けている幸福を他人が提供してくれるにちがいないと期待していた。しかし、まったく見当違いだった。相変わらず自分に満足できず、私は落ち込んだ。そしてついに悟った。私を幸福にできるのは私だけであり、私以外の何も必要ないのだ。なんと素晴らしいことだろう！

この本には、あなたをいまこの瞬間に幸福から遠ざけているものを発見するための提案が書かれている。あなたはいままさに、自分を発見する素晴らしい旅に出発するところだ。気軽にこの本を開いて読んでみてほしい。あなたは夢にも思わなかったものを見つけ、驚き、喜ぶことだろう。

次のことを心にとめておいてほしい。

これがあなたの人生だ。リハーサルではない。

うまくいくヒント1

お金やモノ、他人からの評価に頼らず、いますぐ幸福になると決めよう。

2 自分のいる環境と自分自身を受け入れる

幸福をつかんで自分の人生を最大限に生きるには、自分のいる環境と自分自身を、ありのままに、いますぐ受け入れることだ。これは成長のための大切な第一歩であり、変化が始まる出発点なのだ。

「状況が違っていればいいのに」と願うだけなら、結局、いつまでたっても欲求不満のままだ。まず、私たちは環境を望みどおりにしたがるのではなく、あるがままに受け入れることを学ばなければならない。

「雨さえ降っていなければ気分がいいのに」。こんなふうに思ったことは何回あるだろう？しかし、幸福な人というのは、雨を受け入れ、楽しく生きる人のことだ。雨が降っているとき、雨が降っているという現実を変えることはできないが、自分がそれにどう対応するかは変えることができる。この二つの視点の違いはしっかり認識しておく必要がある。

もうひとつ、受け入れるべきなのは、いまこの瞬間の自分自身だ。私たちが「もっとお金がありさえすれば」とか「もう五キロ痩せていたらいいのに」などと考えるのは、自分が前に進むのを自分で妨害しているようなものだ。

いまある状態を変えることはできない。しかし、**いまここで、長所も短所も含めて自分についてのすべてを受け入れることならできる。**そうすることによってようやく、自分が望む変化を起こし、なりたい自分になるための一歩を踏み出すことができるのだ。いまここで自分を受け入れれば、時おり挫折を味わっても簡単には目標からそれることはない。

うまくいくヒント2

長所も短所も含めて自分についてのすべてを、いまここで受け入れよう。

3

自分の人生の全責任をとる

多くの人々は自分が幸福になれない原因が、政府や景気、上司、配偶者、学歴、教育制度にあると主張する。最近では、家庭の崩壊が指摘されることが多い。要するに、人々は自分以外のすべての人やものに責任をなすりつけているのだ。

このような姿勢の問題点は、変化を起こす力が完全に奪いとられてしまうということだ。よく考えてみよう。貧しさなど自分の不幸の原因が、自分ではどうにもならないものにあるとするなら、いったいどうやってそれを変えるというのか。たとえば、私が政府の政策が原因で破産したとするなら、私はいつまでたっても破産者のままだ。現実には、そんなことはないはずだ。自分の問題を解決するために外部の力にどのくらい頼るかとはまったく関係ない。私たちは自分の人生に対して常に全責任を負っているのだ。

その逆に、もし自分の人生の状況について全責任をとるなら、それに対して行動を起こすことができる。これは非常に大切な区別なのだ。私たちは自分の人生でいま起こっていることすべてに責任をとらなければならない。自分がそういう状況を「生じさせた」と考えるかどうかは関係ない。現実にそういう状況が自分の人生に存在していて、そういう状況が生じることに自分がなんらかのかたちでかかわっていることを理解することだ。そうすれば変化を起こす力が湧いてくる。

たとえば、自分が望むような仕事に就けないのは学歴がないからだと思うと、いつまでもその状況が続く。それに対し、もし自分に学歴がないことの責任を受け入れることができれば、それを変えるために行動を起こすことができる。学校に通ったり、通信教育を受けたり、独学をするなど、なんらかの手を打てばいい。

大事なのは、**いったん責任を負うことができれば、変化を起こす力が湧いてくる**ということだ。人生のどの時点でも、私たちは変わることを選ぶことができる。前進しようが後退しようが、自分の人生の状況を外部の力のせいにするという無力な立場をとってはいけない。

うまくいくヒント3

自分の人生に関するすべての責任をとろう。そうすれば変化を起こす力が湧いてくる。

4

変えられないものは、受け入れる

「条件さえ整えば、私は成功するのだが」という意味のことをよく言う人を、あなたは何人くらい知っているだろうか。

私自身、過去に営業職を経験し、スタッフの雇用と訓練もおこなってきた。彼らは口癖のように、自分が成功できないのは物件や担当地区、商品が悪いからだと言う。しかし、優秀なセールスマンを担当地区からはずして「最悪の地区」を担当させると、やはり抜群の成績をおさめる。

理由は簡単だ。**成功をおさめる者は言い訳をしない。文句を言わない。与えられた状況を受け入れ、責任をもつ。**「人生がすっぱいレモンを与えたら、それを原料にしてレモネードをつくれ」という古い格言は、いまでも真理だ。

ここで、「平静の祈り」を紹介しよう。

変えることができないものを受け入れる平静さ、
変えることができるものを変える勇気、
その二つの違いを見分ける知恵を私に与えてください。

変えることができないものは必ずある。営業職に就いている人なら、商品の中には好きになれないものもあるかもしれない。最高の物件や担当地区に恵まれていないかもしれない。しかし、それがどうしたというのだろうか。もっているもので工夫をすればいいのだ。自分の能力を最大限に生かして対処しよう。

より充実した生活を送りたいなら、「変えることができないもの」を受け入れる必要がある。そして、「変えることができるもの」を変えるための行動を起こすことに時間とエネルギーを集中しよう。

うまくいくヒント4

「変えることができるもの」を変えることに全力を尽くそう。

5 自分からすすんで行動する

さまざまな依存症を克服した人と話をしてみるといい。自分が必要としている支援をしてもらうためなら、まず自分から行動しなければならなかったことがわかるはずだ。成功をおさめている人たちは、するべきことをすすんでした人たちばかりだ。場合によっては別の場所に引っ越したり転職したりすることもあったし、極端な場合は家族と離ればなれになることもあった。自発的な行動をした人々が成功をおさめてきたのだ。

克服すべき依存症がなくても、起こしたい変化というのはいくつかあるだろう。カギは「すすんでする」という言葉だ。思い切った手段をとる必要は必ずしもないが、**人生でほしいものを手に入れるためには、必要なことはなんでも自らすすんでしなければならない、**という意味だ。

たとえば、もしよりよい職業や仕事に就きたいなら、すすんで学校に戻って転職に必要な教育を受けなければならない。家族との関係を改善したいなら、すすんで柔軟な姿勢をとらなければならないかもしれない。浜辺を散歩したいのに海のない地域に住んでいるなら、すすんで引っ越すか、そうでなければ別の楽しみ方を味わうことを考えなければならない。

必要な変化を起こすために自分は何を自発的にしなければならないか、何を学ばなければならないか、ほしいものを手に入れるために何をすすんで変えていく必要があるのかを自問しよう。

何があっても変化を遂げるのだとすすんで決意することが大切だ。

うまくいくヒント5

必要な変化を起こすために、自発的に行動してみよう。

6

人生の目的をもつ

「終始一貫した目的をもつこと、それが成功の秘訣である」というディズレーリ（十九世紀イギリスの首相）の言葉をはじめて聞いたのは何年も前のことだが、それ以来、こういう心の姿勢がおよぼす作用を何度も目の当たりにして驚いている。

たとえば、なぜ人によって年のとり方が違うのか、ということだ。年をとっていても生き生きしている人もいれば、あきらめきって早く人生が終わるのを待っているだけのような人もいる。その違いは、目的をもっているかどうかだと私は確信している。朝起きる理由が私たちには必要だ。**前進を続けるには、自分の外部の何かが必要なのだ。**

素晴らしい話がある。腹痛で医者に診てもらいに行った司祭の話だ。医者は「末期の病気に侵されている」と告知し、もう先が長くないので身辺の整理をするよう勧めた。

言われたことをし終えると、司祭はかねてより訪れてみたいと思っていたメキシコの教会に最後の巡礼をした。ところが、その教会の近くまで来たとき、少年が慈善箱をもって逃げようとしているのを目撃する。司祭は少年の首根っこをつかんで「教会のものを盗み出すとは何事か」と問いただした。すると、少年が多くの仲間と同じように孤児であり、食べるものがないことがわかった。食べ物を買うために慈善箱を盗んだのだというのだ。司祭はこの少年の話にたいへん心を揺さぶられ、村の状況を自分の目で確かめに行った。

その後の展開をかいつまんで言うと、同情をかきたてられた司祭は孤児院を建て、それから二十五年たったいまも運営している。司祭は生き続ける理由を見つけたのだ。これがすなわち、人生の目的なのだ。

うまくいくヒント6　**年齢など関係ない。いきいきと生き、前進し続けるために、大きな目的をもとう。**

7

あきらめない

第二次世界大戦時のイギリス首相チャーチルは、ドイツの圧倒的な攻勢の中、「絶対に、絶対に、絶対に、絶対にあきらめるな」と言って国民を励まし、イギリスを勝利に導いた。

カーネル・サンダースは、鶏肉料理の買い手が見つかるまで千カ所以上もの場所を訪ねて回った。私たちが現在、ケンタッキー・フライドチキンを買うことができるのは、彼の忍耐力の結果だ。

トーマス・エジソンは電球の発明に成功するまでに一万回近くも実験を繰り返した。もし彼があきらめていたなら、あなたはこの文章を暗闇の中で読んでいることだろう。

フェデラル・エクスプレス社（フェデックス）のビジネス・プランは、もともと創業者フレッド・スミスが大学時代にレポートとして提出したものだった。なんと、彼はそのレポートで落第点をとってしまった！　ついでながら、同社の草創期、従業員は給料の小切手を銀行ではなく小売店で現金化することになっていた。そうすれば小切手が銀行に回るまでさらに時間的余裕が生まれ、資金繰りが楽になったからだ。いまや大企業となったフェデックスも、そんな苦しい時代があったわけである。

本当に成功するには、自分はなんとしてでも目標を達成するのだというひたむきさが必要だ。あまりにも多くの人が、成功するわずか手前であきらめている。

どんなことがあっても継続しよう。**自分がしていることを本気で信じているなら、全力を発揮してぶつかるのだ。**途中であきらめてはいけない。あなたは必ず成功する。

失敗というものはない。すべての行動は結果をつくり出す。それがあなたの探し求めている結果であるとはかぎらないが、結果であることには変わりがない。

自分の行動の結果をよく見て、うまくいっていない部分を直せば、探し求めている結果はやがて必ず得られる。

うまくいくヒント7　**途中であきらめず、成功するまで粘り強く努力しよう。**

8

目的に対してコミットメントをもつ

いったん目的意識をもったなら、障害にもめげずに前進し続けよう。その原動力となる唯一のものは、その目的をなんとしてでも成し遂げようとするコミットメント（ひたむきに打ち込む姿勢）だ。コミットメントは、あなたが身につけることのできる最も重要な資質だ。これが身についていれば、どんな障害でも乗り越えられる。逆に、身についていなければ、確実に失敗する。

ある友人は仕事をやめて自分で事業を起こした。この新しい挑戦についてどんな気持ちでいるかを尋ねたところ、彼は「半年やってダメだったら、また別の仕事を始めるさ」と答えた。結末についてはだいたい察しがつくだろう。彼の仕事は約四カ月で失敗した。

幸い、この話はハッピーエンドだ。最近、彼は奥さんとふたりで新規事業を立ち上げた。前回と同じ質問をしたところ、「最高の気分だ」という答えが返ってきた。「ふたりで力を合わせて、すべてを賭けるんだ。必ず成功してみせるよ」という熱の入れようだ。このコミットメントが成功の要因となった。

物事が思うようにいかないとき、あなたのコミットメントが試される。ひたむきであればあるほど、どんなことでも乗り越えられる可能性が高くなる。新しい人間関係であれ、新規事業の立ち上げであれ、ダイエットであれ、同じことだ。あなたはその目的にコミットしなければならないのだ。

新規事業を始めようと思っているなら、成功に向けてコミットしなければならない。自己啓発の分野で名高いナポレオン・ヒルは「退路を断つ」という方法を紹介している。それ以外に選択肢がなければ、人は目標を達成するために知恵をふりしぼるものだ。

前もって逃げ道を用意しておいてはいけない。立派な志がありながら失敗する人のパターンはこれだ。あなたは目標を達成することに徹しなければならない。先に紹介した私の友人は、やっと真剣になったからこそ、成功をおさめることができたのだ。

うまくいくヒント8　目的に向かってひたむきに打ち込み、退路を断って全力を尽くそう。

第2章

ポジティブに考える

自分ができると思おうが、
できないと思おうが、あなたは正しい。

ヘンリー・フォード（フォード自動車の創業者）

9 うまくいくと信じる

かつて、雑誌の調査で全回答者の二一パーセントが「これからいよいよ大不況が始まる」と答えていた。その一方で、同じ割合の人たちが「景気は回復しつつある」と答えていた。じつは、どちらの見解も正しい。人材開発の先駆者、故アール・ナイチンゲールが「心は、その人の現時点における支配的な思考の方向に進む」と言っているとおりだ。

私の言っていることが信じられないなら、赤という色について考えないようにしてみるといい。何を考えてもいいが、赤について考えてはいけない。私の言わんとしていることがおわかりいただけたと思う。そうはするまいと努めながらも、あなたは自動的に自分の思考に従っているのだ。

大不況が始まる理由を探していれば、いずれ見つかる。しかし、ポジティブな要素を絶えず探し求め、状況を好転させるにはどうすればいいかを自問してみよう。いまは不幸な境遇であっても先行きが明るいことを発見するはずだ。

とはいえ私は、困難な状況が存在することを否定しなさいとか、私の言葉をそのまま鵜呑みにしなさいなどと言っているのではない。まずは実際に試してみるといい。自分の経験をもとに自分なりの結論を導き出せるはずだ。たしかに景気は悪いし、たしかに景気は回復している。**どちらの状況を選ぶかは、自分しだいなのだ。**

シンプルなテクニックを試してみよう。今度、ポジティブとネガティブのどちらにも解釈できる状況に直面したら、「どうして私がこんな目に？」といった気力を喪失するような問いかけはしないこと。見る角度を変えて「どこかにプラス材料があるのではないか？」「この状況から何を学ぶことができるだろうか？」と自分に問いかけてみよう（心に思い浮かんできた答えを書きとめて、それを日記に記録するといい）。人生におけるさまざまな出来事が自分にとってどういう意味をもつか、それをコントロールしているのは自分自身だということに気づくだろう。

うまくいくヒント9　**自分の状況がいいか悪いかは自分の解釈しだいだ。どうせならいいほうに解釈しよう。**

10

自分の能力に確信をもつ

自分と自分の能力に対する自信は、人生の質を決定する。これは単純明快だ。あなたの信念は、あなたの意志に影響を及ぼし、結果として、あなたの経験を決定する。充実した人生を送りたいなら、自分の可能性を信じ、望みどおりの人生を切り開く能力をもっていることに強い自信をもつべきだ。

私は大成功をおさめた人たちに共通する特徴をいくつか発見した。その一つは、自分を信じ、自分が成功する能力をもっていると確信していることだ。成功者が確信をもっていられるのは、自分に対して抱いている信念のなせるわざだ。成功者は、自分が成功することに自信をもっている。成功しない者は自信をもっていない。ただ、それだけのことだ。

あなたもまた、自分を信じ、何をするにせよ、その分野で成功する能力をもっているという強い信念をもつことができる。自分に対する疑念を取り除こう。「もし失敗したら、どうしよう」とか「うまくいかなかったら、どうなるだろうか」と自問してはいけない。

そういう質問を自分にすること自体、自信の喪失につながるからだ。

そこで、自分に自信がもてるような質問をしよう。たとえば、「必ず成功をおさめる最善の方法は何か」とか「求めている結果をどうすれば確実に得られるか」といったポジティブな質問をするのだ。

何度も自分に「私はできる」と言い聞かせよう。自分がそれで成功をおさめている姿をイメージするのだ。成功をおさめていた時期のことを思い出し、そのイメージを心の中で再現しよう。こうすることで飛躍的に自信がつき、自分の能力に確信がもてるようになる。

「うまくいけばいいのだが」「できるかもしれない」といった言い方はやめよう。「必ずうまくいく」「絶対にできる」というポジティブな表現を使うのだ。心の中にもつ信念を強化すればするほど、成功する可能性は高まる。

■うまくいくヒント10■　達成したいことを「私は～できる」という文にして書き出して声に出して読んでみよう。

11

失敗を恐れない

自分自身に向かって言葉をかけることを「内面の対話」と私は呼んでいる。内面の対話を止めることはできないが、自分に話している内容を変えることならできる。

健全なセルフ・イメージ（自分についてのイメージ）をもっている人がそうでない人と違うのは、内面の対話をコントロールし、それをポジティブな方向に向けられるということだ。たとえば、仕事がうまくできたときは「よくやった」と自分に言い聞かせ、自分をほめたたえる。そうすることによって、その望ましい行動を強化するよう心に教え込む。逆にミスを犯したときは、自分を罵倒するのではなく、**それをたんなるミスで、それ以上のなにものでもないと考えるようにするといい**。次回はもっとうまくできると確信し、前進するのだ。

大人になると、私たちはどういうわけか、何事も完璧にすべきだという奇妙な信念をもつようになる。しかし、そんなことはナンセンスだ。あなたに小さい子どもがいたとしよう。もしその子どもが歩き方を習得している最中だとしたら、あなたは子どもに成功の機会を何度与えるだろうか。二、三回やってみて歩けないとき、あなたは子どもに向かって「バカだな。もうそれで十分だ。おまえは一生這って過ごすといい。どうやら、おまえには歩く才能がなさそうだ」などと言うだろうか。まさかそんなことは言わないだろう。ではなぜあなたは自分に対してそういう反応をするのか。

失敗に対する恐怖は、人間が進歩するうえでおそらく最大の障害のひとつだろう。あなたがいま、方法を熟知している活動について考えてみよう。あなたはそれを生まれつき知っていただろうか。そんなことはあるまい。あなたはある時点でその方法を学ぶ必要があった。おそらくはじめはあまりうまくなかっただろうが、努力することでうまくできるようになったはずだ。

ミスを犯してもいいと自分に言い聞かせよう。どっちにしてもミスを犯すことになるのだから、ミスを犯してもいいと自分に言い聞かせるほうが合理的だ。そうすることによって、あなたは道を切り開いて進み、自分の人生で実験する自由を獲得することができる。

うまくいくヒント11　完璧にすべきだという考え方を捨て、新しいことに挑戦しよう。

12 自分を肯定する

一カ月でいい、私の言葉を信じて、自分を肯定する言葉を書き出してほしい。きっとその結果に満足するはずだ。あなた自身でこの簡単な行為の力を確かめてほしい。

自分の願望や目標を表現する言葉を一つか二つ考える。必ず現在形の肯定文にするのがポイントだ。たとえば、「私は……だ」「私は……をもっている」というような表現にする。いま取り組んでいる課題がお金であれば、次の言葉がたいへん役に立つ。「私は多額のお金をもっている。私はそれに値する人間であり、そのお金を自分と人々のために役立てる」

現在の課題が健康であるなら、こんなふうに書くといい。

「私は日ごとにどんどん健康になっていく。私は元気いっぱいだ」

どんな課題に取り組んでいても、自分を肯定する短い言葉をつくり出すといい。そして、それを毎日書きとめよう。また、言葉をいくつか選んで、一日に二十回以上書いてみるといい。思ったより短い時間で書けるはずだ。そして、その効果が予想以上であることに驚くに違いない。

うまくいくヒント12

自分を肯定する短い言葉を毎日書いてみよう。

13

感謝する

あなたはいま、何に感謝をしているだろうか。「感謝することなど何もない」と答えるなら、自分のもっていないものに目が向いている証拠だ。私たちは自分のもっていないものに目を奪われ、それをもっている人をうらやんだりすることがよくある。しかし、こういう姿勢では気分が落ち込むだけでなく、まわりにいる人をしらけさせてしまう。しかし、もっと重大なことは、いいことがあなたに起こらなくなることだ。

「もっている者には、さらに多くのものが与えられる」と聖書に書かれていることを思い出そう。あなたがすでにもっているいい面に意識を集中することで、いいことがさらに起こるような状況がつくり出される。

自分の人生のいい点と感謝すべき点を考えよう。健康、精神的な満足、仕事、家族。チャンスが豊富にある自由社会に暮らしているという事実。あなたには住む場所があるし、友人がいるし、支援してくれる人たちもいる。気づいていないかもしれないが、あなたはすでに多くのものをもっているのだ。

あなたの身近なところにあって自由に利用できるものを思い起こしてみよう。知性を高め、想像力をかき立ててくれる本がたくさんある図書館、昔の偉大な芸術家たちの傑作を見ることができる美術館、無料で利用できる道路、公園や公共のレクリエーション施設、無料で開催されている数え切れないイベント。そういったものがいくらでもある。そう、あなたはすでに裕福なのだ。

毎日、自分がもっているものに感謝しよう。すぐに気分がよくなるはずだ。感謝すると同時に自分を哀れむことは不可能なのだ。感謝の気持ちをもてば、あなたは以前よりもいっしょにいて楽しい人物になり、人々はあなたといっしょにいたがるだろう。愚痴ばかりこぼしている人といっしょにいたいと思っている人などいない。感謝の気持ちを忘れなければ、きっといいことは起こる。

うまくいくヒント13

自分がもっていないものにばかり意識を向けず、感謝の気持ちをもって幸福になろう。

14

自分が手に入れたいものを知る

自分が手に入れたいものが何であるかをまったく知らない人があまりにも多い。私はこのことにいつも首をかしげている。講演会の参加者に「何を手に入れたいですか？」と尋ねると、ほとんどの人がぽかんとした顔をする。自分が何を手に入れたいかを知ることは、それを手に入れるために必要なことなのに。

私たち夫婦は以前、それまで住んでいた家を売って新しい家を探そうと苦労していた。ある日、私たちは自分たちが望んでいる結果に意識を集中していないことに気がついた。ほしいものに意識を向けたとき、万事が順調に行き、私たちは理想の家を見つけた。

ほしいものをあらかじめ知っておくと、求めている結果を引き出す行動が何かを決定できる。私たちの場合、本当にほしかったのは新居だった。これを明確にしたとたん、それまで住んでいた家をどう売るかといった、求めている結果とは関係のないさまざまなことを無視することができるようになった。

新居に意識と努力を集中することによって、私たちは目標を達成した。それまで住んでいた家は、そのあとで売れた。それは、目標の達成に必要なプロセスの一部だったからだ。ここで大切なのは、**細部ではなく結果に意識を集中させる必要がある**、ということだ。自分が何を手に入れたいかをはっきりさせよう。それこそが私たち一人ひとりの仕事だと私は確信している。

うまくいくヒント14

手に入れたいもの、達成したいことを、できるだけ具体的に書き出してみよう。

15

自分が手に入れたいものに常に意識を向ける

カーレーサーに会ったら、激しいレースでどこにもぶつからずに運転するコツを尋ねてみるといい。「行きたくないところではなく、行きたいところを見ることだ」という答えが返ってくるはずだ。壁を見ていたら、壁にぶつかりやすくなる。このたとえは人生にも応用できる。**手に入れたくないことよりも手に入れたいことに意識を集中するのがコツだ。**

残念なことに、人々は取り除きたいものやほしくないものに意識を向けがちである。そして、それらのことに時間と労力のほとんどを使ってしまう。「体重を五キロ落としたい」とか、「こんな請求書なんか来なければいいのに」といった調子だ。

これからは、そうではなく、ほしいものに意識を集中してみよう。私は最近、ある友人と話していて、スカイダイバーたちが空中で互いに手をつなぎ合わせるためには、自分が手をつなぎたいと思う相手の目を見るのだと知った。そうすれば身体が自動的に互いのほうに近寄っていくのだという。

こんなことを考えていたある日、わが家の飼い猫のミンが私の仕事部屋に入ってきた。ミンは机の後ろの窓際に座って、鳥を捕まえる空想にひたるのが好きだ。私はミンが窓際に登る儀式を始めるのを観察していた。まず、じっと机の上を見る。そこに行くことに意識を集中させているようだ。そして、自分の背丈の十倍もある机の上にやすやすと飛び乗る。このとき同じ原理が働いていることに私は気づいた。自分の目標に向かって自信をもって前進すればいいのだ。

人生でほしいものを手に入れることであろうと、机の上に飛び乗ることであろうと、この練習は役に立つ。見落とせないもうひとつの要素は、信念だ。ミンは、自分が落っこちないという信念をもっている。私たちもそれを見習うべきだ。

うまくいくヒント15

目標に向かって、可能性を疑わずに前進しよう。

16

年齢を気にしない

ある人が最近、「いやあ、そんなことをするには私はもう年をとりすぎているよ」と言った。こういう言葉を聞くと私は悲しくなる。以下の事実について、あなたはどう思うだろうか。

・ヴェルディは七十六歳で「アベマリア」を作曲した。
・マーサ・グラハムは七十五歳まで演技を続け、九十五歳のときに百八十作目となる作品を演出した。
・ミケランジェロは八十八歳で死ぬ六日前にピエタ像を彫っていた。
・作家のマリオン・ハートは五十四歳で飛行機の操縦法を学び、大西洋を横断する単独無着陸飛行を全部で七回おこなった。最後の飛行をおこなったのは一九七六年だったが、そのとき彼女は八十四歳だった。
・画家のグランマ・モーゼスは八十歳にして初の個展を開いた。

もしあなたがかねてから念願のことをするのに自分が年をとりすぎていると思うなら、考え直してそれを実行に移そう。

「この世のすべての悲しい言葉の中で、最も悲しいのは『しておけばよかった』である」

と、ある高名な詩人は言った。

あなたがずっとしたいと思ってきたことで、先延ばししてきたことは何だろうか？

自問しよう。「いまでなければ、いつするのか？」と。

そして、その期限をここに書こう。（　　）年（　　）月（　　）日

ウォリー・エイモス（米国の有名な起業家）が講演を終えると、ひとりの女性が歩み寄って「もし私がこれからロースクールに行ったりしたら、卒業するときには五十五歳になってしまいます」と言った。エイモスはこう問い返した。「もし行かなかったら、何歳になるのですか？」

■うまくいくヒント16■「年をとりすぎていてできない」と思うことこそやってみよう。

17 思い切ってやってみる

トーマス・マートン（アメリカの詩人）は言った。「多くの人が手遅れになるまでまったく理解しない真理がある。それは、苦しみを避けようとすればするほど苦しみが増すということだ。傷つくことに対する恐怖が大きくなればなるほど、ささいなことに傷つくようになるものなのだ」

あなたはいままでに何度、「○○があればいいのになあ」と言ったことだろうか。新しいことをしたいといつも思っていながら、失敗に対する恐怖や完璧にできない恐怖のために、ためらった経験のある人はどれくらいいるだろうか。

おそらくあなたは、新しい事業を起こしたいとか、転職したいとか、学校にもう一度戻りたいなどとずっと思ってきたことだろう。それなら、何をぐずぐずしているのだろうか。

ほとんどの人を押しとどめている唯一のものは、失敗するかもしれないという恐怖心だ。

しかし、失敗したからといって、それが何だというのだろうか。いまから二十年後、三十年後に安楽椅子に座って、もしあのときに思い切って実行しさえしていたならうまくいっていたのではないかと思うことのほうが、実際にやってみて失敗するよりも悲惨なことではないだろうか。とにかくやってみることだ。

残念ながら、私たちが自分に浴びせる質問とは、「失敗したらどうしよう。うまくいかなかったらどうしよう」といった情けない内容だ。そんな質問はやめて「成功したらどうしよう」と心の中で言ってみよう。びっくりするほど愉快な気分になるはずだ。

覚えておこう。**恐怖心とは、幻想なのに現実のように思える感情のことだ。**

うまくいくヒント17

「失敗したらどうしよう」ではなく「成功したらどうしよう」と心の中で言ってみよう。

第 3 章

目標を定める

私は常に二年先のことを
考えて生きている。

ナポレオン・ボナパルト（フランスの軍人、政治家）

18

人生の目標と計画をもつ

私たちは頭の中に常に抱いているものを現実に経験する。問題なのは、多くの人が具体的目標を設定していないことだ。統計もそれを示している。**自分がほしいものがわかっていないのに、どうやって何かを成し遂げることができるだろうか。**

自分の行き先がわかっていないなら、そこに着いたときに、どうやってそれがわかるだろうか。

私たちは人生を設計するよりも、休暇の予定を立てることにより多くの時間を使っている。あなたは休暇に出るとき、空港に行って「適当な飛行機はありますか？」などと尋ねるようなことはしないだろう。また、自動車に乗って目的地もわからずに運転するようなこともしないだろう。それなら、なぜあなたは人生の目標を決めようとしないのだろうか。

一九五〇年代にいくつかの大学が共同でおこなった研究について聞いたことがあるかもしれない。卒業を控えた学生たちを対象にした調査で、人生の目標を定め、計画を立てていたのは全体の三パーセントしかいないことが明らかになった。二十年後の追跡調査で、その三パーセントの人たちの総資産が残りの九七パーセントの人たちの総資産を上回っていることがわかった。お金だけが成功の判断基準だなどと主張するつもりはないが、この話の要点は理解してもらえたと思う。

私個人としては、自分の目標を三カ月ごとに改めるようにしている。私の人生は絶えず変化し向上しつつあるので、私の欲求もほかのすべてのこととともに変化する。また、目標の中のいくつかが達成されたかを知る機会にもなる。

ある哲学者がこんなことを言っている。「一般に、人々は一年間で成し遂げられることを過大評価し、十年間で成し遂げられることを過小評価する傾向がある」。つまり、長期的な目標をもっていない人が多いということだ。

すぐに忘れてしまう「今年の抱負」について考えるよりも、人生で手に入れたいと思うものについて真剣に考え、定期的に見直してみよう。

うまくいくヒント18　人生で手に入れたいものについて時間をとって考えてみよう。

19

目標の理由をはっきりさせる

目標設定を始める前に、非常に重要なことをひとつ指摘しておきたい。目標設定についでは素晴らしい本やテープがたくさんある。それらの本やテープは、目標設定の方法やどういう目標を設定すべきかだけでなく、目標の書きとめ方から、どういう紙を使えばいいかまで教えてくれている。

私がここで指摘したいのは、それらの本やテープが非常に重要なことを見落としているということだ。すなわち、「それはなぜか?」。**そもそも、あなたはなぜ、いま掲げている目標を達成したいのか**。これは目標達成のためのカギのひとつだ。

多くの人が最近しているように、あなたは自分で事業を起こしたいと思っているかもしれない。それはそれで理にかなった欲求だ。しかし、その理由がしっかりしていれば、あなたはその欲求を達成するためにより懸命に努力をするはずだ。

たとえば、家族ともっといっしょに過ごしたいというのもひとつの理由だ。あるいは、自営業の人によくあるように、子育てを分担したいというのも理由だ。そういう動機づけがあれば、目標により集中できて、目標を達成する可能性が高まる。

物事を成し遂げようとする際に「それはなぜか？」ということに意識を集中すればするほど、欲求を成し遂げやすくなる。しっかりした理由があれば、あなたはどんな目標でも達成できる。

うまくいくヒント19

なぜ、その目標を達成したいのかをはっきりさせ、強い動機づけにしよう。

20

目標が具体的になっている

「あなたは何がほしいですか？」「どのようになりたいですか？」と質問すると、ほとんどの人は「もっとたくさんのお金がほしい」とか「幸福になりたい」と答える。これらの欲求についてただひとつ間違っているのは、その内容があまりにも曖昧だということだ。「もっとたくさんのお金」といっても、ホームレスの人にとっては五ドルかもしれないし、億万長者にとっては数百万ドルかもしれない。同様に、幸福になりたいというのも具体的ではない。どうすればあなたは幸福になれるのか？

ほしくないもの、なりたくないものについて考える人もいる。たとえば、「請求書なんかほしくない」とか「太りたくない」とか。ここでの問題は、前に指摘したとおり、考えていることが実現してしまうということだ。だから、たとえば請求書に意識を集中すればするほど、請求書が送られてきやすくなる。哲学者のルイーズ・ヘイは「請求書を歓迎すること」を提案している。請求書というのは、相手があなたの支払能力を信頼していることを示しているからこそ送られてくるのだ。心の姿勢をこのように変えることで、金銭的な自由を手に入れ、お金についての心の状態を改善することができる。

心は支配的な思考の方向に動く。**目標が詳しくて明らかであればあるほど、それを達成できる可能性が高くなる。**いましばらく時間をとって、自分の人生をどのようにしたいかを考えてみよう。

うまくいくヒント20

どうしたら自分は幸福になれるのかを考え、詳しく書き出してみよう。

21

目標を紙に書く

あまりにも多くの人が、自分の目標を紙に書いていない。人生で成功をおさめるうえで目標は不可欠だ。だから、私は人々に「あなたにとって大切な目標を一つ書いてみてください」と呼びかけている。ところが、ほとんどの人は、そんなことを今まで一度も考えたことがないというような顔をする。しかし、私には、これはまったく信じられないことだ。

自分が何を目指しているかを知らずに、自分の手に入れたい人生を送ることができるだろうか。何をしたいかがわからなければ、成功のためのどんな情報も役に立たない。時間をとって目標を決め、それを紙に書きとめないなら、自分がいつ成功するかをどうやって知ることができるだろうか。目標がなければ、実際に成功したときにそれが成功だとはわからないのではないか。

いますぐ少し時間をとって、目標を一つ決めよう。私が提案しているのは、けっして複雑なことではなく、**あなたがこれからの半年から一年で成し遂げたいと思っている大切な**

目標をたった一つ設定するという、ただそれだけのことだ。いったんこの本を置いて、日記や手帳、あるいは一枚の紙に、一年以内に是が非でも成し遂げたい一つの目標を書き込もう。収入を増やす、事業を起こす、理想体重になる、あるいはほかのどんな目標でもいい。

もちろん、複数の目標を設定したければ、そうすればいい。しかし、少なくとも一つは設定しよう。そして、それに日付を入れて署名するのだ。

それを何度も参照し、それが実現することを期待しよう。これから起こることに、あなたは驚き、気分がよくなるはずだ。

目標設定についてもっと掘り下げたいなら、私の他の著作を含めて多くの本に書かれているから、書店や図書館で調べるといい。目標を紙に明記することは、心の中の夢を紙に書き出すだけのことだが、まるで魔法のように現実になる性質を持っている。

うまくいくヒント21

自分の目標を決め、一つ以上、紙に書いてみよう。

22

短期目標を設定する

あなたはすでに前項のように目標を設定し、望みどおりの方向に人生を切り開いていくために活用していることだろう。これこそが最も重要な局面であり、繁栄、幸福、健康、豊かさ、愛、情熱、喜びにあふれた人生と、絶望の人生との違いである。

では次に短期目標を設定しよう。短期目標とは、大きな目標をさらに細分化したものだ。それは、あなたが取り組んでいる大きな目標の一部分であり、「日々の目標」と言える。

たとえば、目標が健康の維持・増進なら、短期目標は、運動をして低脂肪の食事を心がけることだ。**日々の目標を達成したことで自信をつけることができる**。こうすることによって決意をさらに強化し、計画に忠実に従い、より大きな健康目標に向かって前進するのに役立つ。

成功している営業マンの多くは、毎日の目標と毎週の目標を設定し、それらを細分化した目標に意識を集中することによって、月間と年間のノルマをはるかに上回る成績をおさめる。あなたもこれと同じことを日々おこなえば、より大きい目標に近づき、その途中で成功という見返りを得ることができる。

週のはじめに、これからの一週間で成し遂げたい短期目標について考えよう。そして、それをさらに日々の目標に細分化し、日々の行動を決定しよう。計画のためにわずかな時間を投資することで、生産性の向上という大きな成果がもたらされる。

うまくいくヒント22　**一週間の目標と毎日の目標を設定して取り組もう。**

23

目標を実現した自分の姿を想像する

目標やほしいものを、自分がすでに手に入れている姿を言葉にして書き出すことは、なぜ有効なのだろうか。一つの理由は、ほしいものに潜在意識を集中できるからだ。書くという行為は、肉体と神経系を駆使する作業なのだ。

私の友人のひとりは筆跡学を研究し、「筆跡療法」なるものをおこなっている。筆跡によって書き手の心理状態を分析し、変化をうながす治療法だ。彼女は患者がストレスに対処できるように手で書くことを治療に取り入れている。たとえば、ある患者は飛行機で旅行することを恐れていた。そこで、その人が機内でできる簡単な手書きの方法を考案した。書くという行為が役に立つという事実は、心と体のあいだに密接なつながりがあることを示している。

とはいえ、私は言葉を書き出すことがなぜ役に立つのかは知らないし、興味もない。ただ、役に立つことを知っているだけだ。実際、**言葉を書き出すことは、成功を実現する最**

高のテクニックの一つなのである。

少し時間をとって、自分の重要目標に向かって前進するのに役立つ言葉を考えてみよう。それを日記に数回ゆっくりとていねいに書く。これを一カ月間毎日実行しよう。さて、何が起こるか。これを毎日実行する習慣を身につければ、あなたは目標の方向に前進し始めているはずだ。

うまくいくヒント23

毎日、自分が目標を達成するのに役立つ言葉を書いてみよう。

24

目標を達成する期限を決める

目標が具体的になったら、それを達成することに向けて動き出そう。次の作業をしてみるといい。

1　ほしいものを一年で達成する目標、五年で達成する目標、十年で達成する目標に分け、その三つのカテゴリーそれぞれの中から、これからの一年の目標にするものを一つずつ選び出す。

2　さて、あなたはいま、三つの目標をもったことになる。次に、それぞれについて、その目標を達成しようとする理由を短い文章で書く。ここで覚えておこう。十分に大きい理由があれば、あなたはなんでも達成できる。

3　途中で投げ出さない理由をすべて書く。目標を達成することによって得るものと、途中であきらめれば失ってしまうものをそれぞれ全部書き出すのだ。これは、あなたが手に入れたい人生をつくり上げるのに必要な行動を起こす原動力となる。

以上のことを紙に書いて、それをいつも持ち歩いてもいい。自分の目標を頻繁に見返そう。目標を朝晩、声に出して読むようにとアドバイスする人もいる。いずれにしても大切なのは、**目標とそれがもたらす結果に絶えず意識を集中することだ。**

自分の目標を読み、それを常に念頭に置くように心がければ、その達成に向けて行動を起こし始める。それまでは気づかなかった機会に気づくようになる。出来事がまるで自然に起こるように見え、扉が開く。目標設定の練習には魔法が秘められているのだ。私の言うことをすべて鵜呑みにするのではなく、実際に自分で試してみてほしい。

うまくいくヒント24　目標を一年、五年、十年で達成するものにそれぞれ分けてみよう。

25

目標に意識を集中する

凍っている路面で車が横滑りした経験があるなら、私の言う「不確実性のズレ」の意味がわかるだろう。横滑りをくい止めようとしてハンドルを切る時と、車がハンドルに従う時のあいだの瞬間だ。それはまるで永遠のようだ。レーサーはこのことをよく理解しているから、何があろうと行き先から目をそらさない。彼らは信念をもってさえいれば、その場をうまく切り抜けられることを知っている。しかし、もし恐怖心に屈して横滑りする方向を見てしまえば、車は回転して衝突する。

私たちは人生でこれと同じ状況によく直面する。目標設定をし、心の奥底にある願望を明確に見極め、それを日記に書きとめ、その達成に向けて行動を起こす。しかし、現実と自分のビジョンの間にはズレが生じる。これが不確実性のズレだ。

たとえば、金銭的に成功するという目標を達成しているかのように振る舞っているのだが、現実にはまだ苦労しているとしよう。これは、あなたが失敗したという意味だろうか。

とんでもない。心の中のビジョンが現実になるのにかかる時間とのズレが生じているだけなのだ。だから、目標に照準を合わせ、それが現実になることを信じなければならない。あなたが思っていることは、どんなことであれ現実になる。これは普遍的な法則だ。聖書には、「何を祈るにせよ、それを受け取ったと信じれば、それは与えられる」と書かれている。キーワードは「信じる」ことだ。**自分が目標を達成し、望みどおりの人生を築き上げることができるという揺るぎない信念は、自分の力を活性化して成功を引き寄せる。**

自分の最重要目標に照準を合わせよう。それが実現しつつあることを確信し続けよう。自分のまわりの機会に絶えず注目しよう。

不確実性のズレが生じているときに、がっかりして自分が失敗したと思ってはいけない。それはプロセスの一つであることをよく認識し、自分の人生が変わりつつあることを信じよう。潜在意識で最も重要な地位を占めていることがやがて現実になることを知っておこう。目標がすでに達成されているというイメージを持ち続けよう。自分の目標を声に出して確認しよう。そして、何よりもあきらめないことが大切だ。

うまくいくヒント25

目標は必ず達成できると信じて行動をし続けよう。

26

視点を変えて気分を変える

考え方を変えれば、人生が変わる。意識の向け方を変えれば、気分が変わる。きわめて簡単なことだ。自分が何に意識を集中するかで感じ方は決まる。

誰でも自分を哀れむことがある。実際、人生のほとんどを自己憐憫に浸りながら過ごす人もいるほどだ。あなたもそういう人を見たことがあるだろう。不満の種をいつも探し、人生でうまくいっている部分よりもうまくいっていない部分に常に意識を向ける。そういう人は古い格言にあるとおり、コップに水が半分入っているのに、半分しか入っていないと考える。人間は自分が望む人生観を選んでいるのだ。

そこで、「対比」という方法を使うといい。単純な方法だが、効果があり、自分の考え方の選択肢をコントロールできるようになる。対比とは、まったく正反対のもの、あるいはそのときの自分の状況とかけ離れているものと自分自身とを比較することだ。

より高い目標に向かって自分を勇気づけるために対比を用いるのだ。「富について学びたいなら、自分よりはるかに裕福な人たちとつき合え」と昔から言われている。これも対比の一つだ。行動を起こすように自分を鼓舞したいなら、自分よりも下だと思う人と比較してはいけない。「私はあの人よりも暮らし向きがいい。仕事もあるし、家もある」と思って努力を怠ってはいけないのだ。いい気分にはなれるかもしれないが、成長はできない。自分よりもっと多くのものをもっている人たちを手本にしよう。あなたが成し遂げたいと思っていることを成し遂げた人を見つけ、まねしよう。

うまくいくヒント26　**自分よりも下と思う人ではなく、上と思う人と自分を比較しよう。**

27

自分の勝利を祝う

私はこの数年間、目標を達成するたびにその目標を削除し、新しい目標を設定してきた。

そんなある日、「自分の勝利を祝おう」という提案を本で読んだ。達成した目標を削除するかわりに、その横に大きな星印や勝利のVサインを書き入れようというのだ。

私は職場で大きなポスターボードを使っている。「達成したい目標」と「すでに達成した目標」だけではなく、「自分の人生に引き寄せたいもの」の絵を書いている。

最近では、読者から寄せられる手紙を張るためにポスターボードをもう一枚使っている。そうすることで、私がなぜ、いまこういう文章を書いているかを絶えず思い起こさせてくれる。自分が書いた文章が他の人の役に立っていると知ることほどうれしいことはない。

自分の成功を確認する「勝利のポスターボード」をつくろう。あなたが目標に照準を合わせ、やる気を維持するうえで必ず役に立つはずだ。とくに、あまり調子のよくない日は効果を発揮するだろう。

自分が目標を達成したことを祝えば祝うほど、さらに「背伸び」をして高いところを目指す動機づけになる。目標を達成するたびに、背伸びをしてさらに大きな目標を設定する勇気が湧いてくる。背伸びをすることは、魔法のような人生を可能にする。実際、**自分にどこまでできるかは、背伸びをするまでまったくわからないものだ。**

新たに何かを達成するたびに、自分が人生という旅でどれほど遠くまで来たかがわかる。また、達成した目標の記録をつけておくことで、自分が人生でほしいと思っているものを手に入れる能力をもっているという信念を絶えず強化できるというメリットもある。

うまくいくヒント27

目標を達成するたびに祝い、さらに背伸びをした目標を設定して取り組もう。

28

「宝の地図」を使う

すでにあなたは目標設定をし、主な目標をはっきりと書いてリストアップしたはずだ。もしまだできていないようなら、少し時間をとってそれを完成させてほしい。

実現したいと思っている目標があるなら、それを書きとめよう。いったん目標を書きとめれば、「宝の地図」というテクニックを使って目標を達成する可能性をさらに高めることができる。

宝の地図とは、**目標に意識を集中させるための視覚的な補助物**のことだ。潜在意識が機能するうえで役に立つ映像を提供する方法だけに効果抜群だ。

まず、大きくて厚い紙を用意する。

たとえば、目標のひとつが減量なら、あなたが理想とする体型の人の写真を切り抜いてその紙に張る。あなたが達成したい体重になったときの自分の姿を絵に描いて張るともっと効果的だし、あなたが理想とする体型の人の写真に自分の顔を張りつけてもいい。そういう絵や写真、あるいはその他の視覚的な補助物は潜在意識にアイデアを焼きつけるのに役立つ。絵や写真などの視覚的要素が多ければ多いほどいい。

また、もし新車がほしいなら、販売店に行って好みの車種の写真を入手し、それを紙に張る。

そういった作業が終われば、宝の地図の完成だ。これをよく目につく場所に張っておく。ひとつ目標を達成して新しい目標を設定する際には、新しい地図を作成すればいい。もちろん、小さい宝の地図をつくって、携帯してもいい。

宝の地図は、潜在意識に強烈な視覚的メッセージを送るには、非常に有効なテクニックだ。

うまくいくヒント28

手に入れたいものの絵や写真を集め、目につく場所に張っておこう。

第4章

行動を起こす

行動を起こそうと考えながら
生きるのではなく、
実際に行動を起こして生きることだ。

カルロス・カスタネダ（アメリカの人類学者）

29

いますぐ行動を起こす

私はこう考えたことがある。「アイデアをもっている人と、それをうまく現実化した人の違いは何か？」と。唯一の違いは、後者が行動を起こしたことだ。彼らはアイデアを実行に移した。これこそがまさに、人生で何かを成し遂げるためのカギなのだ。

まず大切なのは行動を起こすことだ。

電話をさらにもう一回入れるとか、手紙をさらにもう一通書くというように、あなたが回避しようとする傾向のあることをやってしまおう。ぐずぐずする習慣は致命的だ。この習慣があるかぎり、目標を達成することは絶対に不可能だ。私たちがほしいもの、私たちが手にして当然のものが手に入らなくなるのだ。充実した人生を送りたいなら、ぐずぐずする習慣をいますぐにやめなければならない。「ぐずの会」を発足させようと思いつつ、いつまでもぐずぐずしている人のようになってしまったらもうどうしようもない。

行動を起こす、それもいますぐに始めることだ。

あなたが思いついた素晴らしいビジネスのアイデアが、半年後にどこかで検討されていたことがいままでに何回くらいあるだろうか。誰かがあなたのアイデアを盗んだのだ。職場でアイデアを思いついてためらっていたら、誰か別の人がその提案をして評価されているのを見たことがいままでに何回くらいあるだろうか。ここで質問。アイデアを思いついたあなたと、それを実行に移した人との差はなんだろうか？　もうおわかりだろう。彼らは行動を起こした。それだけのことだ。

うまくいくヒント29

電話をもう一本かけるなど、思いついたことをいますぐ行動に移そう。

30

先延ばしをしない

いますぐ実行する。この簡単な言葉を実行すれば、あなたが成長し成功するうえで、どんな書物よりも役に立つだろう。クレメント・ストーンという人物はシカゴの貧しい地区に生まれたが、世界有数の保険会社となる企業を設立した。また、成功に関する本を何冊か書き、『サクセス・マガジン』という雑誌を創刊している。まさに現代最大の成功者のひとりだといえる。

「私が覚えたことはたくさんあるが、成功の最大の要因は、『いますぐ実行する』という簡単な習慣だ」と彼は言っている。

私はこの考え方を数年前に学び、それ以来、実際に試してきた。デスクの上には「いますぐ実行する」と印刷した約十センチ四方の小さいカードを置いている。講演会でこのカードをたくさん準備し、参加者全員に配布することもある。

私は、先延ばしをしようかなと思うと、この小さいカードに必ず「にらまれる」ので、できるだけすぐ実行することにしている。電話をもう一回かける、机の上をきれいに整理する、庭を掃除するなど、何をするにせよ、「いますぐ実行する」という指針に従ってきたおかげで私は多くのことを成し遂げることができた。もしこの指針がなかったなら、それほど多くの物事を成し遂げられなかったと思う。

先延ばししていることがなんであれ、いますぐ実行しよう。この簡単な言葉をあなたの心構えにしよう。そうすれば、多くのことを成し遂げることができる。

ほとんどの人にとって先延ばしの習慣は、理想の人生を手に入れることを阻む壁になっている。「いますぐ実行する」という心構えを身につけ、この壁を壊そう。一枚の紙に「いますぐ実行する」と書いて、よく見えるところに張っておくといい。あなたを確実に前へと導いてくれるはずだ。

うまくいくヒント30　**「いますぐ実行する」と書いた紙を見える場所に張って、つねに実践しよう。**

31
いつかしたいと思っていることをいま始める

「そのうち実行しようと思う」というような言葉を、あなたはこれまで何度、繰り返してきただろうか。人生を変えるようなことをいつかしようと思っている人はたくさんいるが、そう思っているだけでは偽りの安心感につながるだけだ。

好きではない仕事をやめることができず、「いつか事業を起こすつもりだけれど、当分はこのままでいい」と自分に言い聞かせるなら、現状維持を正当化し、事業を起こすと失敗するかもしれないという恐怖心と向き合うことを避けようとしているのだ。実際、一生この調子で過ごす人もいるほどだ。そういう人たちは「いつか、したいことを始めよう」と自分にいつも言い聞かせて人生を終える。

問題は、「完璧なタイミング」を見計らっているあいだに時間が刻々と過ぎていくことだ。なるほど、その気持ちは理解できる。これは安全策なのだ。実際に何もしなければ失敗することはありえない。事業を起こしたり、本を書いたり、学校に戻って勉強したりする夢をもっているだけなら、失敗するはずがない。拒絶されない。リスクもない。しかし残念ながら、これでは成功しない。

行動を起こさなければ、「やってみればできるかもしれないこと」は絶対に実現しない。

心の奥に燃えている思いを実行に移すかどうかは、あなたしだいなのだ。

うまくいくヒント31

いつかしたいと思っていることを書き出し、できることから始めよう。

32

すばやく決断をくだす

ほとんどの場合、どのような決定をするにせよ、じっと形勢を見て行動を起こさずにいるよりはいい。決定を迫られたときは、状況についての情報をできるだけ多く集め、慎重に分析し、静かに座って集中し、すばやく決断をくだそう。

何をしようかといつも迷っている人たちがいるが、あなたはそうなってはいけない。多くの人は決断しなければならなくなると、「ああでもない、こうでもない」と延々と悩む。ビジネスや投資のチャンスがあっても、あまりにも長いあいだ思案にくれてしまうために、実際に決断をくだしたときにはもうすでに遅く、チャンスは過ぎ去っている。

マイクロソフト社の創業者で億万長者のビル・ゲイツは若いころ、その後の自分の人生を左右する決断を迫られた。名門ハーバード大学に在学中、パソコンにチャンスの兆しを見たのだ。まだ学生だったが、時期が成否のカギを握ることを知っていた。あまり長く待っていると、機を逸してしまうことになる。リーダーの資質を備えていた彼は、すぐに「今しかない」と決断をくだした。そして大学を中退し、事業を起こした。そのあとは誰もが知っているとおりだ。

すべての決断がこれほど大きい結果をもたらすわけではない。しかし、成功者について研究すると、彼らはみな、**すぐに決断をくだし、いったん決断したら、めったに立場を変えない**ことがわかる。

人間であるかぎり、誰でも間違いを犯す。だから、間違った決断をくだすことも時にはある。しかし、間違いを犯すことは、人間が学んで成長していくための一つの方法なのだ。私自身、よい決断から学んだのと同じくらい多くのことを、間違った決断から学んできた。即断即決を心がければ心がけるほど、決断力に磨きをかけることができる。

性急な決断を提案しているのではない。必要な情報を集め、自分自身の心の声を聞こう。意思決定に必要なこれらのことをし終えたら、決断をくだし、それに基づいて行動を起こすのだ。行動すると決めたら、形勢を見守っていてはいけない。そんなことをしているあいだにチャンスは逃げていく。自分の判断を信頼しよう。

うまくいくヒント32

間違ってもいいから、すばやく決断をくだす習慣を身につけよう。

33

小さな目標を達成して成功体験をもつ

目標を設定し続けるための大きな発奮材料となるものをお教えしよう。それは、**設定した目標を一つでも二つでも成し遂げて成功体験を味わうことだ。**目標を成し遂げれば達成感が得られるし、さらに大きな目標を設定し、その実現に向けて努力し続けようという気分になる。

これを習慣づける方法は、自分の人生の分野を四つか五つ選んで特定の行動を開始することだ。たとえば、もし主な目標の一つが健康増進（ほとんどの人が望んでいることだ）であるなら、毎日散歩することから行動を開始するといい。これはいますぐにでも簡単に達成できるはずだ。この本を置いて外出し、散歩して帰ってくればいいのだ。さあ、早く出かけなさい。この本の続きはそのあとで読めばいい。

目標の一つが、販売実績を上げたいということなら、さらにもう一回電話かけをするか、なかなかイエスと言わない見込み客を訪問するといい。

次のようなリストをつくってみよう。あなたが設定したいくつかの主な目標を紙に書く。そして、その隣に、目標の達成に近づくための、いますぐに実行できるステップを書く。そして、それを実行したらチェックの印をつける欄を設ける。

このシンプルなリストを毎日見直し、実行することが大切だ。

うまくいくヒント33

一つずつ目標を達成して成功体験を味わい、さらに大きな目標を設定しよう。

34 うまくいっている人をお手本にする

「愚行」のひとつの定義は、同じことを何度も繰り返して異なる結果を得ようとすることだ。行動を起こしているのに、求めている結果が得られていないなら、行動を変える必要がある。あまりにも簡単な解決法のように思うかもしれないが、それを実践している人はほとんどいない。習慣に引きずられて、うまくいかない行動パターンを続けているのだ。

「失敗」について尋ねられたエジソンは、こんなふうに答えている。

「私は失敗したわけではない。電球をつくり出せない方法を千通り発見したのだ。おかげで、電球をつくり出す方法にかなり近づいたよ」

ある行動がうまくいかない場合、やり方を変えてみよう。行動しながら結果を測定し、行動を修正していけば、望みどおりの結果をいずれ得ることができる。

単調で退屈、しかもとても時間がかかることのように思えるだろう。そのとおりかもしれない。しかし幸いにして、お手本をまねるという近道がある。**あなたが成し遂げようと**

していることをすでに成し遂げた人を見つけよう。その人がどういうことをしたかをしっかりと見極めるといい。たとえば、どういうやり方でしたのかを順序立てて説明してもらい、それを参考に同じことをするのだ。

さあ、お手本になる人を見つけに出かけよう。あなたが成し遂げたいと思っていることを見事に達成した人を。財産を築く方法について学びたいなら、大金持ちを夕食に誘うといい。ばかげたことのように思えるかもしれないが、よく考えてみよう。夕食での長い会話で学べることを想像してみるといい。これは最もお金のかからないコンサルティングだ。

うまくいくヒント34

自分の成し遂げたいことをすでにした人を見つけ、その人のやり方をまねしてみよう。

35

力を与える質問を自分にする

あまりにも多くの人が自分に対してある種の質問をすることによって自分の進歩と成長を妨げている。その種の質問を私は「愚問」と呼んでいる。私たちは解決のめどが立たない愚問を自分に向かって発しているのだ。たとえば、「私はどうしてこんな目にあうのだろう?」「なぜ痩せられないのだろう?」「なぜもっといい仕事（恋人）が見つからないのだろう?」といった具合だ。

自分に向かってこういう愚問を発することで、幸福を阻害する二つの条件が確立されてしまう。第一に、成し遂げたいと思っているどんなことも、自分には絶対に成し遂げられないと決めつけてしまうことだ。第二に、答えを見つけようとして心の中で堂々めぐりを繰り返すことだ。この種の質問には答えが見つからない。それが問題なのだ。

もっと自分に力を与えるようなやり方がある。質問を別の表現に言い換えるのだ。たとえば、痩せたい場合、「理想体重を達成するためにとるべき行動は何だろうか?」とか、もっといいのは「どうすれば目標体重を達成して、しかもそのプロセスを楽しむことができるだろうか？」と言い換えることだ。

こういう言い換えを常に心がけよう。そうすれば、**堂々めぐりをすることなく、解決策を求めるよう自分に働きかけることができる。**

もしあなたが自分で事業を始めたいが、具体的にどの職種を選べばいいかわからないのなら、次の質問を自分に対してし続けるといい。

「私は何をするのが好きか？」

「自分が失敗しないとわかっているなら、私は何をするだろうか？」

「たとえただ働きであったとしても、私はそれをするだろうか？」

「どうすれば、それによって利益を得ることができるだろうか？」

このテクニックを目標といっしょに使うのもいい。主な目標を念頭に置いて、その達成に関する質問をつくる。たとえば、経済的自立と自由を手に入れたいなら、「経済的に自立し好きなことをする自由を手に入れるには、私はどうすればいいのか？」と自問するのだ。

うまくいくヒント35

問題を前向きに解決できるような質問を自分に問いかけよう。

36

朝、目が覚めたら自分に質問する

これは非常に効果のあるテクニックで、私はそれを「朝の質問」と呼んでいる。朝、目が覚めたときやシャワーに入っているとき、次の質問をして、それに答えよう。

1　今日、私は何に感謝しているか？
2　今日、私は何にわくわくしているか？
3　今日、私は何に幸福を感じているか？
4　今日、私は何をしようと決意しているか？

これらの簡単な質問に答えることによって、心が前向きに設定される。当然の結果として、あなたは気分が高揚し、いい気分で一日のスタートを切ることができる。

この簡単な練習をすることのメリットはもうひとつある。朝目覚めるのが楽しみになることだ。**あなたの心は毎朝楽しいことを思い浮かべるよう設定される。**朝起きたときに不機嫌な人は大勢いるが、そうなる原因は「なぜこんなに早く起きなければならないんだ？」というような愚問を発していることにある。これでは機嫌が悪くなって当然だろう。

それに対し「朝の質問」は、朝目覚めたときに気分を高揚させてくれる。そのことがいい一日を送る可能性を高めてくれる。

こういう質問を自分に向かって発することによって、あなたは自分の感じ方に大きな変革を経験する。そして、人生にポジティブな変化が起こるのを発見する。これを三十日間試して、どれだけの違いが生じるかを確かめてみよう。

うまくいくヒント36　**楽しい気分になる質問を自分にして、一日のスタートを切ろう。**

37

ポジティブな気分を高める言葉を使う

私たちが自分自身や外界とコミュニケーションをとる際の主な手段は、言葉だ。他人との交わりにおいてもそうだが、私たちは心の中で自分に話しかけるときも言葉を使っている。実際、私たちが生活している世界はすべて、言葉で定義されている。

それなら、なぜ私たちは言葉の使い方にもっと注意を払わないのだろうか？

二、三年前、言葉がどのように経験の作用を強めたり弱めたりするかという記事を目にした。そこで説明されていた素晴らしい方法を使えば、ある状況を定義するために使う言葉を変えることによって、その状況が生活におよぼす作用を変えることができるのだ。

この方法の威力を体験してみたいなら、誰かに「元気ですか？」と聞かれたとき、ごく普通に「元気です」と答えるかわりに「すごく元気です」と答えて自分が実際にどういう気分になるかを確かめるといい。気持ちを込めて情熱的にそう言ってみよう。

この方法を使うことによって、**よい感情を高めると同時に、あまりよくない感情を抑え**

るような言葉に変えることができる。たとえば、「彼（彼女）には本当に腹が立つ」と言うかわりに「彼（彼女）にはちょっととまどっている」という言い方に変えてみよう。同じ状況であっても気分的に違ってくるはずだ。

日常生活の中で「それほど素晴らしくない」環境の影響を抑えることが、いい気分を高めることにつながる。言葉は、私たちが思うとおりに使うことのできる最も威力のある資源のひとつなのだ。

これによってもたらされる恩恵がもうひとつある。それは「暗示効果」と呼ばれる。私は自分の経験から言うのだが、「元気ですか？」と聞かれて「すごく元気です」と答えると本当に気分がよくなるのだ。「元気です」と比べて「すごく元気です」という言葉の響きには、なぜか私の気分をよくしてくれるものが含まれている。

逆もまた真なり、だ。ネガティブな感情を表現する際にトーンダウンした言葉を使えば、そのインパクトは弱まる。これから二、三週間、この方法を使ってみて、何が起こるかを自分で確かめてみよう。

うまくいくヒント37　**「元気ですか？」と聞かれたら「すごく元気です」と答えよう。**

38

「～しようと思う」ではなく「～する」と言う

こんな練習をしてみよう。一枚の紙幣を手に取って床に落とす。そのとき、あなたのとる行動は、それを拾い上げるか、拾い上げないか、どちらかしかない。「拾おうと思う」という行動はないのだ。この「～しようと思う」という言葉は、日ごろよく使いがちな好ましくない言い方の一つである。

「～しようと思う」は意志薄弱な言葉で、自分がたぶん実行しないと思っているときに確約を避ける言い方だ。たとえば、「時間どおりに行こうと思う」「ダイエットをしようと考えている」「そこに行くつもりでいる」という言い方はすべて、弱々しい意志の表れだ。

確実に結果を手に入れたいなら、「～しようと思う」という表現を積極的な表現に置き換える必要がある。「時間どおりに行く」「必ずダイエットをする」「そこに行く」。これらの表現には積極性があり、目標を達成する可能性が高くなる。

自分の進歩を妨げたり、人生で手に入れることができるものから自分を遠ざけたりするような言葉を排除しよう。

うまくいくヒント38

「～しようと思う」という言葉を使いそうになったら、「～する」と言い換えよう。

39

「できない」と言うのをやめる

前項に続き、もう一つ排除したい言葉がある。それは、「私にはできない」だ。その反対に、「できないなら、それをしなければならない」という格言がある。これは賢明な姿勢だ。この教えを人生に取り入れよう。「私にはできない」と感じていることがあるなら、あなたの夢を実現するうえで大きな障害になっているかもしれない。それは、あなたが「する必要のある」ことなのだ。

たとえば、あなたが事業を立ち上げたばかりだとしよう。この事業を大成功させる準備はできている。しかし、問題が一つある。「私は売ることができない」と自分に言い聞かせていることだ。あなたは起業家としては立派だが、そういう姿勢ではモノやサービスを売ることができない。

「私は〜できない」を「私は〜しなければならない」に置き換えよう。そうすることによって、新規事業を立ち上げて成功する可能性がかなり高まる。売る方法を覚えよう。それには、専門のセミナーを受講する、本を読む、教えてくれる人を見つけるといった方法がある。何かを売ることは、ほとんどの技能と同様、学んで身につけることができるのだ。

あなたは多くの人と同じように、体力をつけたいと思っているが、運動する時間が見つからないと思っているかもしれない。そこで、「私は運動できない」を「私は運動しなければならない」に置き換えよう。そうすることによって、あなたはそれを実行することができる。

重要な言葉を置き換えるという簡単なテクニックは、何事をするときでも成功の確率を飛躍的に高める。あなたは自分が望む人生を手に入れるために、何を「しなければならない」だろうか。

うまくいくヒント39　「～できない」と思っていることを「～しなければならない」にして書き出そう。

40

優先して実行することを決める

生産性を高める最も効率的でシンプルなテクニックを紹介しよう。あなたが今日しなければならない最も重要なことを五つリストアップする。その五つを全部仕上げるまでは、ほかに何もしてはいけない。この複雑化した世の中で、あまりにもシンプルな方法のように聞こえるだろうが、無視する前に、まず二週間実行しよう。

このシンプルなテクニックは過去半世紀以上にわたって、重役、企業家、専門職の人たちに使われてきた。彼らがそれを使う理由は、それが有効だからだ。

一つのカギは、**十や二十ではなくわずか五つのことをリストアップする**ことによって、本当に重要なことだけに全エネルギーを集中できることだ。

集中を妨げるものを取り除き、リストアップしたわずか五つのことだけをするなら、あなたは全エネルギーを最も重要なことに注ぐことができる。貴重な時間を雑事に浪費することなく、人生で本当に重要なことに時間を使うことができる。リストアップした項目をすべてその日のうちに早く仕上げたなら、もう一つか二つ追加して、それに取り組むといい。

うまくいくヒント40

毎日、五つのことをリストアップし、それだけに集中しよう。

41

自分の業績を書き出す

私は数年前から、年末になると、過去一年間の自分の業績をすべて書くことを習慣にしている。これは誰でもすぐにできる。

このアイデアは、ビジネスの世界で使われている方法を応用したものだ。企業では毎年、従業員は業績と目標を提出している。この情報は、従業員の仕事の評価、昇給、昇進の基準となる。企業にとって役に立つなら、個人にとっても役に立つはずだと思ったので、一度、自分の業績を書き出してみると大きな満足が得られた。たいへん励みになったので、このことはやがて習慣になった。

私たちは自分がしていることをごく当然のことと受け止めたり、「たいしたことではない」と軽んじたりする。他人の成功や貢献、業績ばかりに目がいき、自分が成し遂げてきたことを見落としてしまっているのだ。

時間をとって、自分の業績と活動をリストアップしよう。そうすれば、自分もたいへん大きな業績を上げていることがわかるはずだ。**自分がいかに多くのことをしてきたかに気づき、さらに多くのことを実行する動機づけになるだろう。**

この一年間にしてきたことをリストアップしよう。思いつくことをすべて書き出すのだ。どんなどこで休暇を過ごしたか。どんな演劇や映画を見て、誰のコンサートに行ったか。どんな本を読んだか。家族のためにしたこと、家族といっしょにしたことは何か。仕事でどんな業績を上げたか。自分のために何をしたか。健康状態はどうだったか。余分な脂肪は落としたか。運動を始めたか。スポーツをしたか。事業を起こしたか。本を書いたか。スピーチをしたか。

思いつくことをすべて書き出そう。多ければ多いほどいい。自分がしてきたことをすべて目で確かめると自尊心が高まり、これからの一年でさらに多くのことを成し遂げる可能性が高まる。あなたはおそらく、自分が思っているよりもずっと多くのことをしてきただろうし、それを書き出すことで、実際にどれだけ多くのことを成し遂げてきたのかわかるはずだ。

うまくいくヒント41　**一年間に自分がしたことをすべてリストにしてみよう。**

第５章

人との関わりを築く

自分を元気づける一番いい方法は、
誰か他の人を元気づけてあげることだ。

マーク・トゥエイン（アメリカの作家）

42

約束を守る

こんな経験は誰にでもあるはずだ。あなたが「○○さんと連絡を取りたい」と言うと、同僚が「ああ、その人の電話番号なら知ってるよ。あとで調べてメールで連絡する」と返事をする。ところが、いっこうに知らせてこない。

ある友人から「君のように自分が言ったことをちゃんと実行する人は珍しい」と言われてはじめて、私はこのことをじっくり考えるようになった。「何かをする」と言うことは、自分にはそれをする意志がある、と相手に伝えることだ。だから、自分が言ったことを実行するのは当然のことだとずっと思ってきた。

人に本を送ることであれ、電話をすることであれ、自分がすると言ったなら、それを実行しよう。自分がなぜそれをしなかったかという言い訳をあれこれ考えるより、実行するほうがはるかに簡単だ。

約束をしっかり守ることを習慣にすれば、まわりの人のあなたに対する接し方も違って

くる。残念ながら、ほとんどの人は自分がすると言ったことをしない。まさにこの事実によって、あなたはほかの人たちとは違う卓越した存在になる。

今度、誰かのために何かをすると言ったときは必ず実行しよう。約束どおり手紙を書き、電話をし、ハガキや本を送り、相手を訪ねよう。大きな挫折を体験したり破産の憂き目にあったりしても、「言ったことをきちんと守る人」という評価を得ていれば、まわりの人が助けてくれる。あなたは比較的簡単に立ち直ることができるだろう。

自分がすると言ったことをする。それをあなたの性格にしよう。まわりの人がどれだけ好意的に接してくれるようになるか、あなたは驚くはずだ。

うまくいくヒント42

自分がすると言ったことは必ず実行しよう。

43

感謝の手紙を送る

「気くばりができる人」と言われる確実な方法は、相手を認めることだ。誰かがあなたのために力を貸してくれたとき、あなたは感謝の手紙を送っているだろうか。お客さんの大切さを認める感謝の手紙を送っているだろうか。愛する人に対してはどうだろうか。特別な存在であることを伝えるために、時間を割いて何かをしているだろうか。

人は誰でも他人に認められたいと思い、評価されることを願っている。感謝の手紙を書くだけで、その期待にこたえることができる。

感謝の手紙を送ろう。そうすることで、その手紙を受け取った人の一日を幸せにすることができる。私自身が気に入っているやり方は、手書きの手紙を送ることだ。大切なお客さんにひとことかふたこと手書きで簡潔に感謝の言葉を書いたり、同僚に短いお礼状を書いたりすることで、あなたが与える印象に大きな影響を与える。

私は妻のジョージアにはじめて出会って以来、とくに理由もないのに簡単なカードを送るようになった。この習慣はいまでも続いている。なんでもないこの行為が妻の気分にどれだけ大きな影響を与えるか、私はいまだに驚きを感じている。ちょっとしたカードがいつも妻の一日を明るくし、いつも感謝される。もしあなたがより大きな成功をおさめたいなら、最高の文章を贈るだけの気くばりを心がけたいものだ。

白紙のカードをいつも手元に用意して、機会があるたびに何かを書いて送ろう。このちょっとした気くばりに人々がどういう反応をするか、あなたはきっと驚くだろう。

あなた自身が誰かから「友人でいてくれてありがとう」というメッセージを受け取ったときのことを思い出そう。そのとき、あなたはどういう気分だっただろうか。あなたの一日は明るくなったはずだ。いますぐに時間をとって、それと同じことをしよう。

うまくいくヒント43　誰かが力を貸してくれたら、感謝の気持ちを簡潔に書いて送ろう。

44

時間を守る

時間に遅れる人はいつも同じだということに気づいたことがあるだろうか。あなたもよく遅刻をするタイプだろうか。「時間を守る」という視点から見ると、世の中には三種類の人がいる。

いつも早く来る人、いつも遅れて来る人、時間を厳守する人。この三種類だ。

プライベートな約束であれば、遅刻は許してもらえることが多い。しかし、ビジネスにおいては障害になる。相手の時間を大切にしていないことの表れであり、いいかげんで信頼できないという評価がくだされるからだ。

私はある人が本を出版するのを手伝ってほしいと言ってきたので会うことにした。ところが、その男性は一時間半も遅れ、悪びれる様子もなく「ちょっと遅かったかな?」と言った。私はその瞬間、この話は断ることに決めた。この男性に反感を抱くことはなかったが、時間を守らないことと気くばりができないことが、良好な信頼関係を築くうえで障害になると判断したからだ。

時間を守ろう。けっして難しいことではない。ゆとりをもって目的地に着けるよう早めに出発すればいいだけだ。時間を守ることによって、二つの大きなメリットが得られる。一つは、相手の時間を大切にする気持ちが伝わること。もう一つは、あなたが忙しい人で自分の時間を大切にし、手際よく段取りができる人物であることを証明できることだ。**「私はいつも時間を守る」と自分に向かって唱えるのがコツだ。**唱えれば唱えるほど、時間を守れるようになる。

今度、人と会うときは、時間を守ろう。相手が満足感を表明しなくても、その事実には気づくはずだ。仕事となると、遅刻は禁物だ。もっと成功をおさめたいなら、時計を身につけ、しっかりと活用し、時間を守ることを心がけよう。

うまくいくヒント44　相手の信頼を得るために、しっかりと時間を守ろう。

45

真の友人を手に入れる

「友人の数を片手の指で数えることができるなら幸いだ」と言われている。真の友人はごくまれだからだ。真の友人とは、あなたに何があろうと助けてくれる人のことである。そういう人は、あなたが苦しいときやつらいときも力になってくれる。

より大きな成功をおさめる確実な方法は、あなた自身が大切にしている人の真の友人になることだ。私たちが必要としているのは、困難な時期に誰かがそばにいてくれることだけかもしれない。

人生には山もあれば谷もある。飛躍する時期と低迷する時期が交互に入れ替わる。誰が真の友人であるかは、低迷している時期によくわかる。脚光を浴びているときは、見せかけだけの友人を数多く集めることが簡単にできる。しかし本当に大切なのは、落ちぶれたときにそばにいてくれる人たちなのだ。

相手にとって信頼できる真の友人になることによって、あなたはお金には換えられない貴重な贈り物をすることができる。こういう人物になれば、あなたはそのときに気分がいいだけでなく、成功者となることができる。私たちは自分が相手に与えるのと同じように相手から受け取る。このことをよく心にとめておこう。

うまくいくヒント45

真の友人を手に入れたかったら、自分が相手にとって信頼できる真の友人になろう。

46 人をほめる

心のこもったほめ言葉をかけてもらったときのことを覚えているだろうか。おそらく、気分がよくなったはずだ。もしかすると、ほめてくれた人にお返しをしたくなったのではないだろうか。

心のこもったほめ言葉をかけることは、人間関係を築いたり会話を始めたりするための素晴らしい方法だ。それはまた、相手を大切にする気持ちの表れであり、個性を認めることでもある。人はみな、まわりの人から大切にしてもらいたいと思い、個性を認めてほしいと願っている。誰もがほめ言葉をかけてもらってポジティブなセルフイメージを再確認したいと思っている。ほめ言葉は費用がかからず、最も見返りの大きい「贈り物」だ。

一九五〇年代、営業トレーナーのウィリー・ゲイル氏は、多くのセールスマンを相手にほめ言葉の大切さを力説した。彼にはこんなエピソードがある。ある男性セールスマンが「訪問先のドアのベルを鳴らしたとき、部屋着を着たみすぼらしい格好の女性が出てきたら、あなたはどうしますか？」と尋ねた。するとウィリーは、「ほめ言葉が見つかるまで、ずっとそこに立ってご婦人の姿を眺めるだろうね」と答えた。

ほめ言葉は心のこもったものでなければならない。おべっか、ごますりの類いは、すぐに見破られる（私は以前、衣料品売り場の販売員から「その服はとてもよくお似合いです」とほめられたが、すぐにウソだとわかった）。

出会う人に真心が伝わるほめ言葉を気軽にかける習慣を身につけよう。これは大切な習慣だ。人と人とのつながりが希薄になっている時代だから、なおさらだ。

まったく見知らぬ人からのほめ言葉が、その人にとってはその日の唯一のほめ言葉である場合もある。心のこもった親切な言葉で相手の一日を明るくすることができる。これは素晴らしいことではないだろうか。

うまくいくヒント46

相手のよいところを見つけ、心のこもったほめ言葉をかけよう。

47

自分の成功を社会に還元する

労働の成果を家族といっしょに享受するだけではなく、お返しをする習慣を身につけよう。最大の満足感の一つは、他人に何かを与えることで得られる。相手が自分よりも恵まれていない場合はとくにそうだ。自分が暮らしている地域社会で支援を必要としている人たちを豊かにするために、あなたが自分の富を使う方法はたくさんある。与えればほとんど必ず受け取ることになるから、あなたには見返りがある。

アメリカには、「十分の一税」という習慣がある。これは普遍的な法則であり、成功と精神性に関するすべての本に書かれている。自分の収入の一部（通常、一割）を教会などの宗教組織に納めることで、その組織を助けるだけでなく、自分はそれをするだけの経済的余裕があることを潜在意識に伝え、繁栄の心構えを強化できるのだ。

多くの人は、「もっとお金持ちになったら寄付をする」と言う。しかし、これは本末転倒だ。歴史上の偉大な宗教の教えに従うなら、**寄付を始める最適の時期は、自分が助けを**

必要としているときなのだ。そうすることによって、あなたが積む善行の流れが始まる。

そのうえ、少額で始めれば、寄付をする習慣を身につけることがずっとたやすくなる。

裕福であればあるほど、納める金額が大きくなり、小切手を切るのがむずかしくなる。

もし疑問に思うなら、千ドルの一割を納めるときの気分を想像してみよう。百ドルの小切手を切ればいいだけだ。しかし、十万ドルの一割であれば、一万ドルの小切手を切ることになる。どちらが寄付をしやすいだろうか。

うまくいくヒント47
寄付を始めるのを先延ばしにしてはいけない。少額でいいから、すぐにしてみよう。

48

好奇心をもつ

もっと成功をおさめて、わくわくするような充実した人生を送りたいと思うなら、まず、あなた自身が人生についてわくわくする必要がある。具体的には、日々の生活で出会う人、土地、できごとに興味をもつことだ。

まわりの人が感じていること、考えていること、していることに興味をもとう。あなたが耳を傾けるなら、あなたが出会う人たちはみな、ユニークな体験談を披露してくれるにちがいない。

あなたが時間をとって相手のことを知ろうとするなら、ほとんどの人はすごく魅力的な存在になる。仕事においては、同僚について知る習慣を身につけよう。彼らがそれぞれの仕事で何をしているか、それをどのようにしているかをじっくり学ぼう。

まわりの世界について知ることも大切だ。人生は素晴らしい経験であるはずなのに、チャンスに目を向けずに平凡な日々を送るだけではあまりにもつまらない。まわりの世界に関心をもつことによって、人生はあらゆる意味でより豊かになる。

人生についてわくわくしよう。人生という名のゲームに参加しよう。新しいことを経験しよう。まわりの人と知り合いになろう。あなたと出会ったことで相手の暮らし向きがよくなるようにする習慣を身につけよう。これらのシンプルなことをする習慣が身につけば、想像以上にわくわくする楽しい人生を送ることができるはずだ。

うまくいくヒント48

まわりの人やできごとに興味をもち、人の話に耳を傾け、わくわくして生きよう。

49

すすんで人に与える

自分が人に与えた分だけ、人から受け取ることができる。これは普遍的な法則だ。したがって、あなたが何かを無条件に与えれば、何かを受け取ることになる。実際、与えたものよりも多くのものを受け取ることができるはずだ。愛、時間、お金、労働、モノ、さらに、他の人を助けるために時間を少し与えるという行為ですら、あなたに大きな見返りをもたらす。

見返りを期待して与えたり、得をしようとして善行を施したりする、といった低次元の話をしているのではない。あなたが必要としているものはなんでもなんらかの形で戻ってくるから、自分のお金や時間をすすんで与えよう、と提案しているのだ。

自分を与えて助け合うことは、私たちにできる最もやりがいのあることの一つだ。それは、お金では買うことのできない満足感をもたらしてくれる。何かを与えること、人のために尽くすことは、人間の本質である。**私たちがここにいるのは、お互いに与えて助け合**

うためなのだ。

人は死ぬときには何ももっていくことはできない。与えることを習慣にしよう。お金を使わなくても、ほほえみや親切な言葉を与えることで、相手の一日を明るくすることができる。この原理を実践すればするほど、自分について気分よくすることができる。与えると戻ってくる。これは普遍的な法則だ。

うまくいくヒント49

自分の時間、お金、労働、モノなど、何でもすすんで人に与えよう。

第6章

毎日を楽しむ

人間は、自分が一日中考えているような存在である。

ラルフ・ウォルドー・エマソン（アメリカの詩人・思想家）

50

体を動かす

午後三時、いつもどおり「昼間のスランプ」があなたの体を襲っている。毎日だいたいこの時間帯になると、あなたの体は疲労を感じ始めて生産性がダウンする。

では、どうすればいいのか。ほとんどの人は体をしゃきっとさせるために習慣的にコーヒーカップに手を伸ばす。

しかし、もしあなたが多くの人と同じように刺激物をやめようと努力しているなら、別のやり方を試してみよう。**エネルギーをアップさせる、てっとりばやくて健康的な方法は、体を激しく動かすことだ。**奇妙なことのように聞こえるかもしれないが、実際に試してみるとわかる。

立ち上がって両腕を動かし、すばやく拍手をするような動きをすると同時に、深呼吸をする。外に出かけて早歩きをするというのもいい。

どういう手順であっても、狙いは脈拍を高めることだ。数分後、あなたはよりエネルギッシュになっているはずだ。

本書に書かれたことはすべてそうだが、私の言っていることを鵜呑みにするのではなく、自分で試してみよう。

同僚には奇異の目で見られるかもしれない。しかし、あなたはリフレッシュできるはずだ。

うまくいくヒント50

疲れてきたら、リフレッシュするために体を動かそう。

51

深い呼吸をする

ほとんどの人と同じように、あなたは深呼吸を軽視しているのではないだろうか。私たちは自分では正しく呼吸をしているように思っているが、それは必ずしもそうではない。ほとんどの人は呼吸がたいへん浅く、これが日々のストレスに拍車をかけている可能性がある。私たちは不安を感じると、短くて速い呼吸をする傾向があるのだ。

プレッシャーを受けている状況でリラックスするひとつの方法は、**長くて深い呼吸をすることだ。**これはしばらく前に友人から教わった呼吸テクニックで、エネルギーのレベルを高めるのに非常に効果的だった。昼間、少し疲れたと感じるときはいつでも実践できる。

このテクニックは一回でマスターしようとするよりも、長い期間にわたって定期的に練習するほうがメリットは大きい（当然のことだが、もしあなたが医者にかかっているなら、これにかぎらずどんな運動をするときも相談するようにしてほしい）。

このテクニックの手順は次のとおり。

1　五つか六つ数えるまで吸う（これが多すぎれば、数を少なくする）。
2　吸い込んだときの数の四倍、息を止めて、吸い込んだときの数の二倍、息を吐く。

たとえば、五つ数えるまで吸い込んだなら、二十数えるまで息を止め、十数えるまで息を吐く。無理してはいけない。この割合がきつすぎるようなら、一対二対一の割合にするといい。この場合、五つ数えるまで吸って、十数えるまで息を止め、五つ数えるまで息を吐く。いずれにせよ、この練習を五回から十回繰り返し、一日に二回か三回おこなえば、短時間で結果を体感できるはずだ。

うまくいくヒント51　呼吸の練習をして身につけ、いつでもリラックスできるようにしよう。

52

自分の健康は自分で管理する

アメリカでは健康管理について革命が起こっている。患者が医者の言うとおりにする「おまかせ医療」の時代ではもはやなくなってきているのだ。

もちろん、私は「医者の言うことを聞くな」などと言うつもりはない。自分の健康管理を主体的におこなう時代が来ている、と言っているのだ。

医者に質問をすることを心がけよう。主治医以外の医者の意見を聞くことを恐れてはいけない。患者の質問に答えようとしない医者はいまだにいるし、さらに悪いことに、そういう医者に診てもらいにいく患者がいる。自分の健康については、知る権利がある。**あなたが納得できるまで医者に問題をじっくり説明してもらうようにしよう。**

納得できるような答えを医者がしないなら、別の医者にかかろう。

たとえあなたが医学部に行っていなくても、自分の健康なのだ。あなたは医者に敬意をもって接してもらうべきだし、知性をもった人間であることを認めてもらうべきだ。健康に関して、私たちは医者とパートナーシップを組む必要がある。

うまくいくヒント52

自分の健康に自分で責任をもつために、医者に積極的に説明を求めよう。

53

絶えずプラス思考を心がける

プラス思考の提唱者としておそらく世界で最も有名な人物であるノーマン・ビンセント・ピールは、

「心の中からマイナス思考をすべてとり除くなら、その穴埋めに何かを入れなければならない」と言っている。

要するに、心の中が空洞では生きていけない、ということだ。マイナス思考をとり除いても、プラス思考と入れ替えないかぎり、やがてまたマイナス思考が復活する。その結果、私たちは昔ながらの思考パターンに戻ってしまうのだ。

哲学者のジェームズ・アレンはこんなことを書いている。

「人間の心は庭のようなものだ。頭を使ってうまく耕すこともできれば、荒れ放題にすることもできる。しかし、耕しても荒れ放題にしても、何かが必ず芽を出す」

人生を常にプラスの方向に切り開いていきたいなら、**絶えずプラスの思考と言葉を植え**

なければならない。だからこそ私は、意欲が湧いてくる本を読み、車の中でテープを聴き、自分を鼓舞する言葉を使い、前向きに生きている人たちと交わるように日ごろから心がけているのだ。

前向きで気分が高揚するような本を読むのに費やす時間に比例して、自分の人生が向上する。このことを、私は発見した。たぶん私が文章を書く理由の一つは、この原理を自分でいつも再確認する必要があるからだろう。「人は自分が最も学ぶ必要のあることを教えるのが最もうまい」という古いことわざがある。もしかすると、私の書く技術についても、このことわざがあてはまるかもしれない。まあそれはそれとして、私が望んでいるのは、この文章を読んでいるすべての人がこの考え方を知って成長することだ。

私たちはともすればマイナス思考の誘惑に陥りがちだ。しかし、いいことに意識を向け、前向きな考え方を推し進めようとしている人たちにとって、経験と思考を分かち合うことは非常に大切なことだ。これこそ、お互いに得をする関係だ。

▍うまくいくヒント53▍　気分を高揚させてくれる本を読み、前向きな人とつき合おう。

54

変化を受け入れる

人生で確実に言えることが一つあるとすれば、いまあるすべてのことは変化するということだ。私たちは、絶えず変化してやまない宇宙の中に生きている。この世のすべてが変化しているのだ。季節は移り変わる。政府、企業、文化、太陽、月もそうだ。もちろん、私たちも例外ではない。全身の細胞は七年ですべて入れ替わる。実際のところ、「不変」と言えるのは、「変化」だけなのだ。

人は、変化に対しては抵抗してしまう。常に変化する宇宙の中で暮らしながら、私たちは変化に対して抵抗し、貴重な時間と労力を浪費しているのだ。

変化と未知なるものへの恐れがあまりにも強い人たちがいる。未知なるものに立ち向かうどころか、互いに足を引っ張り合う関係や不健全な環境、将来性のない仕事といったネガティブな状況に自分の身を置き続けている。これは不幸なことだ。

もし幸せで生産的で成功者として人生を送りたいなら、**変化を受け入れるだけでなく、**

それを歓迎しなければならない。これは奇妙なことのように聞こえるかもしれないし、困難なことのように思えるかもしれないが、幸せな人生のためには不可欠な姿勢なのだ。

うまくいくヒント54

最近、あなたの身の回りで起こった変化を書き出し、いつも目につく場所に張っておこう。

55

ストレスへの対策をとる

かつて、ノーマン・ビンセント・ピールは「自分の身に何が起こるかよりも、それにどう反応するかのほうがはるかに大切だ」と言った。とはいえ、私たちはどうしてもストレスを経験する。ストレスのない人間がいるとしたら、棺桶の中で眠っている人たちだけだろう。

しかし大切なのは、日々のストレスによって問題が発生しないようにすることだ。ストレスによって起こる症状には動脈硬化があり、これは心臓病につながる。

それに加えて、ストレスと免疫力の低下の関係を指摘する研究がいくつかある。ヘルペスウイルスの一種が過労気味のビジネスパーソンを襲うと言われているのは、そういうわけだ。

ストレスのネガティブな作用を減らすには、日ごろ適度な運動をするとか、瞑想や深いリラクゼーションによって静かな時間を過ごすことが大切だ。

ストレスを感じる状況にあるときは、**「十年後、これがどれほど重要だろうか？」と自問してみるといい。**これによってバランス感覚が身につくはずだ。そして、自分が変えることのできないことを受け入れることを覚え、変えることのできることを変えればいい。

うまくいくヒント55

ストレスについて知り、日常的に運動やリラクゼーションなどをしよう。

56 上を向く

今度、気分が少し落ち込んだら、上を向いてみよう。そう、上を向くのだ。両手を高く挙げて目でそのあとを追ってみよう。上を見ながら気分がふさぐことはありえないことがわかって驚くはずだ。

上を見るということは、視覚を使うということだ。たいていの場合、うつ状態というのは、私たちが聴覚を使って自分に話しかけていることの結果なのだ。**聴覚から視覚へと切り替えることによって、私たちは自分の感じ方を変えることができる。**また、落ち込んでいる人に話しかけようとするときにも、この方法は役に立つ。もしあなたが相手の目線よりも上に立つなら、相手はあなたを見るために目線を上げなければならない。だから相手の気分を盛り上げる効果があるのだ。

落ち込んだとき、確実に効くもうひとつの方法は、体をてきぱきと動かすことだ。立ち上がって動き回ろう。散歩に出かける、ジョギングをする、水泳をするなど、脈拍を上げるなんらかの運動をしよう。簡単な運動をすることは、うつ状態の解消に効果がある。

うまくいくヒント56

気分が落ち込んだら、文字どおり、上を向いてみよう。

57

心の痛みを感じる自分を許す

生きていると、さまざまなことが起こる。どれだけ前向きな気持ちをもっていても、打ちのめされるときは何度かある。人生では、注意深く築き上げてきたはずの生活を壊してしまうほどのできごとが起こることもある。身近な人の重い病気、愛する人の死、離婚、失業などの試練に直面し、呆然と立ちすくんでしまうこともあるだろう。

まず、現実を見すえよう。これらのことは起こるものなのだ。しかし、「何事も理由があって起こる」という理屈で説明をされても、とてもつらい。自分の存在を揺るがすほど傷ついてしまう。心の痛みが体にも悪影響をおよぼし始めるなど、あらゆる面に影響をおよぼす。前向きな言葉を繰り返し唱えても、この痛みは止まらない。

こういうときは気分が落ち込んでしまい、心の痛みの表れである怒りを感じるかもしれない。**痛みや悲しみ、怒りなど、あなたは何を感じてもかまわない**。心の痛みを切り抜ける唯一の方法は、そう感じてもいいと自分を許すことなのだから。

うまくいくヒント57

痛みや悲しみ、怒りなど、いま感じていることを抑えずに感じてみよう。

58

立ち直る力を身につける

落ち込んでいるかどうかは問題ではない。その状態を抜け出せるかどうかが問題なのだ。

人生の試練をうまく切り抜ける人と、身動きがとれなくなる人の違いは、「立ち直る力」にある。

あなたはどれくらい早く立ち直れるだろうか？　もちろん、痛みを乗り越えて人生を切り開いていくのに要する時間は、そのつらさによって違う。ショッキングな出来事が自分の身に起こったとき、悲しむ時間を自分に与えよう。しかし、いつまでも落ち込んでいてはいけない。行動を起こすのだ。

自分を支援してくれるグループに入り、信頼できる友人や精神的なアドバイスをしてくれる人に自分の気持ちを打ち明けよう。必要ならば、専門家の助けを求めるといい。失業の場合、自分の職業上の目標を再評価するために時間が必要になる。この際、仕事のジャンルを変えてみてもいいかもしれない。

人脈づくりをし、新しい人との出会いを求めよう。イベントに参加しよう。知人や友人に電話をしよう。とにかく何かを始めるのだ。

かなりストレスのたまる状況で心にとめておくべきことがいくつかある。最も大切なのは、孤立しないことだ。ひとりで時間を過ごすことは必要だが、孤立は危険をはらんでおり、なんとしてでも避けるべきだ。

外に出て、できるだけ人と交わろう。ある友人が最近、「人生とは生きるためにある」と言った。人生をふたたび歩んでいこう。やがて、痛みは過ぎ去るのだから。

うまくいくヒント58

もし落ち込んでいるなら、外に出て新しい人と出会ってみよう。

59

好きなことを仕事にする

あなたは磨きたい才能があるのに、それでは生計を立てられないという理由でためらっていないだろうか。私たちは本当に好きなことができるようになることを期待して、嫌いな仕事を続け、自らを退屈な生活に追いやり、退職の日まで待っている。

「毎日をこんなふうに過ごしてみたい」という願望はもっているのだが、生計を立てなければならない」と人々が言うのを、あなたはいままで何回耳にしたことだろうか。安定性、あるいは想像上の安定性を手放すのが怖くて、大嫌いな仕事にしがみついている人を、あなたは何人くらい知っているだろうか。

その点、私は幸運だった。何年も前、ある人が私に「安定しているものがあるとすれば、それは自分の能力だけだ」と言った。以来、この哲学が私を支えてきた。おかげで私は思い切って自分の好きな仕事に就くことができ、将来性のない仕事にしがみつかずに済んだ。

幸か不幸かはあなたの人生観しだいだが、時代は常に変わる。かつては安定していた会社勤めもすでに過去の話だ。企業に就職したからといって、もはやなんの保障もない。終身雇用の時代はもう終わったのだ。終身雇用が当然とされていた日本ですら、企業は方針を転換しつつある。これは見方によっては、潜在能力を存分に発揮して自由人として生きるための第一歩であるともいえる。

いまやっていることが好きならば、それがうまくできるはずだ。どんな仕事であれ、人々はあなたのもとにやってくる。その結果、あなたは成功をおさめる。考えてみよう。車の修理が大好きな修理工は、車の修理が非常にうまいはずだ。当然、人々は、車の修理が大嫌いな修理工を避けて、車の修理が大好きな修理工にマイカーの修理を依頼する。

大好きなことをすれば、おのずから成功する。

「道に沿って行くな。道のないところに行って足跡を残せ」というラルフ・ウォルドー・エマソン（アメリカの詩人・思想家）の言葉をあなたに贈ろう。

■うまくいくヒント59■　嫌いな仕事は思い切ってやめ、好きな仕事についてみよう。

60

自分の仕事を楽しむ

どれだけ自分の仕事を愛しているかには関係なく、あまり好きにはなれない部分というのはどんな仕事にもあるはずだ。さらに悪いことに、嫌いな仕事に就いているのだが、いましばらくは我慢する必要があるということもあるかもしれない。では、好きではない仕事をしながら、どうすれば幸福でいられるのだろうか。

その秘訣は、前にも言ったとおり、自分に力を与えるような質問をすることだ。「私はなぜ、こんなひどい職場で働かなければならないのか？」（実際、辞職の代償をすすんで払う準備があるのなら、そんな職場で働く必要はない）とか「私の上司はどうしてあんなにいやなヤツなのだろう？」といった愚問ではなく、その仕事を耐えることができるような質問に言い換えるのだ。たとえば、「私はこの仕事のどんな部分が好きか？」とか、さらにいいのは「もっといい上司の下で働くために身につける必要のある新しい技能は何だろうか？」といった質問だ。

たとえ独力で事業を起こす幸運に恵まれても、好きではないのに遂行しなければならない課題はいくらでもある。ここでも、**「もっと楽しめるようなやり方で課題を遂行するにはどうすればいいだろうか？」**といった前向きな問いかけをしてみよう。

たとえば、いやな雑用を片づけるひとつの方法は、朝早くそれを済ませるようにスケジュールを組むことだ。そうすれば最も効率的に処理できる。さらに動機づけの材料として、その課題を遂行すれば休憩をとるとかして自分に見返りを与えることだ。こうすることによってやる気が出て、課題が受け入れやすくなる。

もしあなたがひとりだけで事業をしているのでなければ、あまり好きでない課題を、それに最適な人に割りふるといい。ふつう、私たちは自分の得意分野の課題なら喜んでするが、そうでない課題ならいやがるものだからだ。

うまくいくヒント60

嫌いな仕事でも、考え方ややり方を変えて楽しんでみよう。

61

遊ぶ時間をつくる

仕事ばかりしていると、たいへん退屈な人間になりかねない。だからリラックスして、ひたすら遊ぶ時間が必要だ。旅行に出かけるのもいいだろう。

信じられないかもしれないが、遊びの時間をつくることは最高のビジネス戦略になる。仕事が行き詰まっているときなどは、とくにそうだ。仕事や家事などの雑務から自分を解放することで、頭をすっきりさせ、新しいアイデアと可能性に対してオープンな姿勢になれる。また、新しい経験、視覚、音声といった刺激を受けることによって、パターン化された行動から抜け出し、創造性を活性化することができる。

私たちは日ごろ、決まりきったことばかりしがちだ。同じ道を使って通勤し、いつもと変わらない景色を見て、同じ食べ物ばかり食べている。スーパーマーケットの食品売り場には数百種類も並んでいるのに、食べるのは八種類から十種類ほどしかない。パターン化された行動をとると、創造性を十分に発揮できなくなる。

決まりきった行動をやめれば、新しい感動が湧き起こってくる。創造性をつかさどる右脳が活発になり、その能力を発揮する。多くの本でも、行動パターンを変えることが創造性を活性化する方法の一つだと論じている。

いつもの環境から離れて過ごすことで、他の環境での生活を体験する機会ができる。私は旅行するときは必ず、その地域でどんなビジネスがおこなわれているかを観察することにしている。訪問先の都市でビジネスをしている人を見つけて話をすることも多い。こうすることで新しいものの見方が身につく。

私たちは不慣れな土地にいるだけで、いつもとは違った考え方や行動をするものだ。新しい景色と感動で創造性を豊かにしよう。

遊ぶ時間をつくろう。休養をとって充電することでリフレッシュできるだけでなく、自分の人生と仕事に対してさらに情熱を持つことができるはずだ。

うまくいくヒント61　積極的に遊ぶ時間をつくって、創造性を活性化させよう。

62

人生を祝う

あなたが立ち止まってバラの香りを嗅いだのはいつのことだろうか。長い間、足を止めて、日没という魔法を見たのはいつのことだろうか。あなたは日ごろ、まわりの世界の素晴らしさにどれだけ気づいているだろうか。

ほとんどの人は日々の雑用に追われるあまり、人生という素晴らしい経験を実感する時間をとっていないことが多い。現代人は自分のまわりの世界に気づかずに毎日を忙しく送っている。社会がものすごいスピードで目まぐるしく移り変わっているためだろう。

信じられないほど美しい南カリフォルニアに住んでいたにもかかわらず、私は感覚が鈍くなり、日没の華やかさや晴れた日の美しさに気がつかなくなっていた。「太陽が海のかなたに沈んでいく景色は、先週もう見たからいい」とでもいうような気持ちだった。

私たちは生まれ、いずれ死ぬ。この二つは絶対的真理だ。この事実は変えることもコントロールすることもできない。しかし、この世に生まれてから死ぬまでの時間をどう過ごすかは、その長さに関係なく、わくわくする素晴らしいものにすることもできれば、絶望の日々にすることもできる。

自分のまわりの世界を楽しむ習慣を身につけよう。忙しいスケジュールの中から時間をとって、目の前にあるものを見つめよう。子どもたちが遊んでいるところ、鳥が歌っているところ、花が咲いているところ、そして、もし幸運に恵まれれば、太陽が海のかなたに沈んでいくところを見よう。

この世の中には魔法があふれている。立ち止まって、それに気づきさえすればいい。特別な道具はいらない。神様は毎日、この信じられないスペクタクルを私たちに与えてくださっている。私たちはその場に行けばいいのだ。

うまくいくヒント62

いまこの瞬間、五感で感じられるものに意識を向けてみよう。

第 7 章

夢を実現する

人間の運命は、
本人の魂の中にある。

ヘロドトス（古代ギリシャの歴史家）

63

創造性を発揮する

私たちは何かを創造するために生まれてきた。問題は、その方法を教えてもらわなかったことだ。だから、自分には創造性がないと思い込んでしまうのだ。創造性を発揮したいのなら、いくつかのシンプルな指針に従えばいい。

まず、**創造性はきっかけが与えられてあふれてくるものであって、創造的になろうとしてなれるものではない**。創造性は、視覚と抽象的な考え方をつかさどる右脳から生まれる。計算などの論理をつかさどる左脳を使おうとすると、うまくいかない。

創造性を刺激する最適の方法は、自分のパターンを意図的に混乱させることだ。私たちは人生のパターンを構築し、それに従って生きている。そのパターンを混乱させれば、創造性をつかさどる右脳が活性化する。たとえば、職場に行く道筋を変える、いつもと違う手順で靴を履くといった小さな変化ですら、創造性の発揮につながる。

決まりきったことを変えてみよう。ふだん、机の前で仕事をし、創造的なアイデアがなかなか思い浮かばないなら、立ち上がって散歩をしよう。オフィスの別のところに座ってもいい。視点を変えれば、物事の見方も変わり、新しいアイデアがひらめくはずだ。

自然の中を長いあいだ散歩するのも、静かに瞑想するのと同じように創造性を豊かにするのに役立つ。日ごろの環境から抜け出すことで、新しい刺激と視覚的なインプットが可能になる。休暇のあとでエネルギーがみなぎるように感じる理由の一つがこれだ。

ストレスを抱えながらでは創造性を発揮できない。ストレスと心配は、現在の瞬間から私たちを引き離すから左脳の機能だ。心配は将来の出来事に結びついているので、「論理」をつかさどる左脳に関わっている。

リラックスして心をさまよわせることを覚えることによって、創造的な衝動を表面化させることができる。

うまくいくヒント63

決まりきったことではなく、いつもと違ったことをして創造性を刺激しよう。

64

流れに身をまかせる

ある本で面白いたとえ話を読んだことがある。ジャングルのライオンは、朝目覚めたときに「さて、今日はどこで昼食をとろうか」とは心配しない。ライオンはただ黙々と自分の仕事にとりかかり、物事がすべて順調にいくことを確信している。ほとんどの場合、ライオンにとっても私たちにとっても、物事はすべて順調にいくものだ。

私たちは出来事の結果をコントロールしようとしてフラストレーションをいっぱい溜めこんでしまう。しかし、ジャングルを支配することがライオンの仕事ではないように、出来事の結果をコントロールすることは私たちの仕事ではない。人生における出来事の結果や他人をコントロールしようとするのをやめてみよう。シェークスピア風に表現するなら「人生という舞台の出演者として自分の役をうまく演じる」努力をするとき、人生は流れ、すべてが順調にいくように私は思う。

とはいえ、じっと座って物事が順調に展開するのを期待しようとか、自分の責任を回避しようと言っているのではない。私の信念はまさにその逆で、**人生という舞台でしっかりと自分の役割を演じるべきだ**と言っているのだ。

自分がほしいものをはっきりと定めて、目標に向かって行動を起こすことが大切だ。ライオンはたいして考えもせずにごく自然にこれをやっている。次に紹介するのは、この目標を達成するのに役立つ簡単なやり方だ。

1　自分がほしいものを知る（ライオンの場合、昼食）
2　行動を起こす（ライオンはじっとせずにジャングルを歩き回る）
3　流れにまかせる

「神は山を動かしてくださるが、自分でシャベルをもっていくのを忘れるな」という格言がある。私たちには演ずべき役割があり、それをできるかぎりうまく演じるのは私たち自身の責任だ。

うまくいくヒント64

物事をコントロールしようとせず、流れにまかせてみよう。

65

前向きな質問を自分に投げかける

現状を維持することに居心地のよさを感じ、いい気分で過ごしていても、突然、人生設計が台無しになることがある。それは愛する人との別れかもしれないし、失業かもしれない。あるいは、休暇中に雨にたたられるとか、花瓶が割れるといったささいなことかもしれない。しかし、どのような状況や環境の変化であれ、そういったことをうまく処理することを覚えなければならない。そうしなければ、それによって壊滅的な影響を受けかねないからだ。

私が知っている最もよい方法は、前向きな質問を自分に投げかけることだ。たとえば、**「これのいい面はなんだろうか？」「どうすればうまく利用できるだろうか？」**といった質問である。

私は、テレビ番組の製作会社をクビになった経験がある。上司から「もう来なくていい」と言われたとき、お礼の言葉を述べた。そのときの上司の顔を想像してみるといい。上司は私が怒ることを予想していたから、面食らった。当時の私は夢を追い求めるために、同僚との出世争いから脱出する方法を模索していたから、失業は絶好のチャンスだと思った。上司はそんな私に、事業を立ち上げるのに必要な「きっかけ」を与えてくれたのだ。それ以来、私は一度も後ろを振り返ったことがない。変化が自分にとって何を意味するか。私はそれをとらえ直すことによって、多くの人が否定的に考えてしまうようなことを前向きな経験へと変えることができた。

もちろん、まわりの人に助けを求めることは賢明な行動である。深刻な状況ではとくにそうだ。助けを求めることをためらってはいけない。では、挑戦がすべてうまくいかなかったときはどうするか。そのときは、「これもやがて過ぎ去る」という英知を思い起こせばいい。

うまくいくヒント65

いま直面している問題に関して前向きの質問を考え、答えを書いてみよう。

66

問題解決に取り組む

ビジネスの八〇パーセントは、全顧客の二〇パーセントから収益を得る。ビジネスをしている人なら、誰でもこの事実を認めるはずだ。「八〇対二〇の法則」という名で知られるこの現象は、他の多くの状況にも同じようにあてはまる。

たとえば、衣装を例にとると、自分が日ごろ着ている服の八〇パーセントが、もっているすべての服の二〇パーセントにすぎないことに驚くはずだ。八〇対二〇の法則がなぜこれほど普遍性があるのかはわからないが、この法則を問題解決に役立てることは可能だ。

残念ながら、この法則が好ましくないあてはまり方をすることがあまりにも多い。たとえば、私たちは問題を見極めることに時間の八〇パーセントを費やし、肝心の解決には二〇パーセントしか費やしていない。

あなたは数人がただ椅子に腰かけて一つの問題について何度も何度も話し合っているのを見たことがあるだろう。人々は問題について話し合うのが大好きだ。話し合うことは大切だが、ただ話し合うだけで問題が魔法のように解決すると信じているとすれば間違いだ。

その比率を逆転させたらどうだろうか。問題を見極めることに使う時間と労力を全体のわずか二〇パーセントに抑えるのだ。ただし、しっかりと見極める。しかし、**いったん見極めれば要点を書きとめて、もうそれ以上は時間を費やさない。**その時点から、問題解決にあたるようにするのだ。

可能な解決策にのみ意識を向けよう。関連性のある質問を書き、周りの人に助けを求め、一晩じっくり考え、解決策に意識を集中するのだ。それまでは克服できないと思っていた問題が意外に早く解決できて驚くはずだ。

場合によっては、行動しないことが最善の策になる。多くの問題は時間が解決してくれる。もちろん、ぐずぐずすることは避けるべきだ。それに取り組む日付をかなり近い将来に設定しよう。そうすれば、あなたはその問題に取り組むことを確定しながら、その状況から一歩退くこともできるわけだ。

うまくいくヒント66

問題が何かをしっかり見極めたら、すぐに解決に集中しよう。

67

問題を前向きにとらえる

私たちが直面する問題は、じつは姿を変えた贈り物なのだ。どのような問題であろうと必ず贈り物が隠されている。ただし、問題を解決するまで、その贈り物は見えてこない。**私たちが「問題」と呼んでいるものは、何かを教えてくれて、より高いレベルへと私たちを押し上げてくれる。**だからといって、問題解決がやさしくなるわけではないのだが。

問題に直面してもストレスをあまり感じないようにするための画期的な方法は、「問題」という言葉を使わないことだ。たとえば「挑戦」のように気分がよくなる言葉を使うといい。人はみな、挑戦を好むものだ。

言葉遊びのように思うかもしれないが、言葉がもっている力は非常に強いことを思い出そう。「問題」を「挑戦」と言い換えることで、心におよぼす作用を変えることができる。

私が自分の挑戦を乗り越えるのに使っている効果抜群の方法を紹介しよう。

まず、紙を一枚用意するか日記の一ページを利用して、上に「解決策のリスト」と記入し、その下に、挑戦すべき課題を書く。

次に、それぞれの課題の横に一から十まで番号を打つ。誰にも邪魔されないところにいって、しばらく静かに過ごし、自分が置かれている状況にポジティブな影響を与える創造的な方法を番号に従って十通り書く。心を開いて創造性を高めよう。座って静かに過ごしながら、内面の声に耳を傾けよう。そして、アイデアが心に浮かんでくるのを辛抱強く待つのだ。

このちょっとした練習を終えるころには、挑戦に取り組むためにすぐに使えるアイデアをいくつか発見しているはずだ。あなたはそのとき、それまでずっとそこにあったのに見えていなかった「贈り物」に気づくだろう。

このエクササイズを数日間連続で繰り返すといい。挑戦に取り組むためのアイデアが得られるまで、この練習を続けるのだ。そして、そのアイデアを実行に移そう。

うまくいくヒント67

「問題」ではなく「挑戦」に取り組み、創造性を高める機会にしよう。

68 見返りを求めずに与える

なぜ、何も見返りを求めずに与えるべきなのか？　なぜ、汗水たらして働いて稼いだお金をさまざまな慈善事業に寄付するべきなのか？　私はかつて、これらの質問を自分に問うたことがあった。私はもう問う必要はない。**自分がすることはすべて、それがよいことであれ悪いことであれ、自分に返ってくる**ことが経験的にわかったからだ。

他人を助けて何かを与えることで気分がよくなるばかりでなく、すべてが戻ってくることに私は気づいた。「出ていくものはめぐりめぐって返ってくる」という古い格言はたしかに真理だ。私はその実例を十分に経験してきたので、もうそれを疑問視したり偶然だとして無視したりするようなことはない。

私が他人を助けるために何かをすると、ほんの少ししてからなんのゆかりもない人や会社から電話がかかってくる。そして「貴社と契約させてほしい」と言う。そんなことがいままで何度もあった。時には紹介によるものだったが、そうでないこともあった。私には宇宙の魔法を理解する必要はなく、ただそれを受け入れるだけだった。

もちろん、なんらかの見返りを求めて善行を施そうとするなら、話は別だ。それは意図的な行為であり、うまくいかない。

聖書には、「与えるものはすべて十倍になって返ってくる」と書かれている。ここに書かれているメッセージは簡単だ。できるかぎりお互いに助け合って与えるように努めるなら、いいことが必ず起こる。まさに本当の意味で、お互いが得をする習慣だ。大成功をおさめている人たちをよく観察すればわかる。全員に共通しているのは、手に入れたよりもずっと多くのものを人々に与えてきた、ということだ。

うまくいくヒント68　手に入れるよりも多くのものを他の人に与えよう。

69

自分の恐怖心と向き合う

「たしかに私は泥沼の中にはまっているかもしれないが、それは慣れ親しんだ泥沼だ」

これは馬鹿げた言い草に聞こえるかもしれないが、じつは多くの人の心理をよく表している言葉ではないだろうか？

慣れ親しんでいるからといって、不健全な状況にそれほどまでに身を置き続けようとするのは、いったいなぜだろうか？　「安住」できるからといって、将来性のない仕事にしがみつき、非建設的な人間関係を維持し、好きでもないライフスタイルにこだわるのは、いったいなぜだろうか？

恐れているものと向き合い、状況を改善するために変化を起こすことより、つまらない人生を過ごすことを選んでしまうほど、変化というのは恐ろしいものなのだろうか？

「安住」することをやめ、恐怖心と向き合ってとにかく行動してみるなら、「変化とは素晴らしいものだ」という新しい信念を身につけることができるはずだ。

まず、恐怖心を認めることだ。否定しようとしても、恐怖心は消え去らない。自分が恐怖心を抱いていることを認め、変化を起こすことによって得られる利益に意識を集中させよう。

それには、行動を起こすことによって得られるプラス面をリストアップして紙に書いてみるといい。

変化の真っ最中にはすべてが混沌としているが、新しいパターンを導入する機会だ。この**変化をチャンスとしてとらえることによって、あなたはその経験を恐怖心と不安から喜びと期待に変えることができる。**その経験に対する認識を変えるだけで、こういったことが起こるのだ。

あなたは心の中に抱いている恐怖心を力に変え、その力を使ってさらにエキサイティングで挑戦的な人生を切り開くことができる。

うまくいくヒント69　**いまの状況に安住するより、状況を変えるために行動を起こそう。**

70

心変わりを自分に許す

かつて、ある記者がマザー・テレサにこんなことを尋ねた。

「あなたが数カ月前におっしゃったことと、いまおっしゃっていることとはまったく違います。自分の立場を変えたことをどう説明するおつもりですか？」

すると、この聖女はやさしい眼差しで記者の顔を見て、ほほえみながらこう言った。

「私は心変わりをしました。いまなら知っていることを、あのときは知らなかったのです」

なんというシンプルな考え方だろう。いつもずっと信じてきたという理由で、もはや自分に合わなくなった信念や意見を引きずっている人がいかに多いことか。長年の信念だという理由で、自分を限定するような信念にしがみついた経験は何回くらいあるだろうか。

私たちは、一貫して信念を変えないことが美徳であり、心変わりをすることが欠点であると教えられてきた。「堅固な意志の持ち主」というと尊敬の対象となり、「心変わりする人」というと意見をころころ変える人として軽蔑されるのを耳にしてきた。

私はこういう考え方に異議を唱える。たしかに、一貫性は人生のいくつかの領域では身につける価値のある資質だが、過去に真理だったというだけでいまはもう役に立たなくなった信念と意見にしがみつくのはまったくナンセンスなのだ。

私たちには心変わりする自由がある。実際、もし変わらないなら、本当に苦労することになるだろう。私たちが暮らしているこの世の中は常に変化している。その世界の中で、私たちだけが変化に抵抗している。常に変化している環境の中で変化に抵抗することは、まさに狂気の沙汰と言わざるをえない。

では、どうすれば私たちは人生の中で変化を受け入れ、さらに歓迎することができるのだろうか？　ひとつの方法は、自分の人生を振り返って、過去に起こったあらゆる変化の大部分が改善につながったことを確認することだ。そうすれば、あなたは自分の人生の中で変化が実際に前向きな力になったことを認めるはずだ。そこで、変化することを自分に許すことができる。

うまくいくヒント70

自分に合わなくなった考え方はどんどん捨てて、いま役に立つ考え方をとり入れよう。

71

絶えず努力する

成功は、ある期間ずっと連続して小さな努力を重ね、最後にもうひと押しすることによって成し遂げられる。一般に、大成功をおさめた人を調べてみれば、活躍した分野に関係なく、成功が運によるものではなく、もうひと押ししたことの結果であることがわかるはずだ。

たとえば、抜群の成績をおさめる営業マンが成功（と高収入）を勝ちとったのは、一発勝負に出たからというより、さらにもう一本の電話を入れる、さらにもうひとりの見込客と会う、さらにもう一通の手紙を書くことによって販売を一件ずつ増やしたからだ。この地道な努力を重ねることによって、彼らは営業成績ナンバーワンの地位と高収入を獲得したのだ。

減量プログラムを試みている人たちは、一夜にして体重を五キロ減らして成功するわけではない。週に〇・五キロまたは一キロ落とすように計画されたプログラムにしっかり従うことによって目標体重を達成するのだ。それが長期的な成功となって結実する。

現代人は、「即効性」という考え方にとりつかれている。「一夜にして成功をおさめる」とか「いますぐに効果が出る」というのがそうだ。残念ながら、そういう考え方はうまくいかない。結局、アルコール依存症や薬物依存症に陥ったり、うつ病や過食、自尊心の低下を招いたりして、不幸になってしまっている。

本当に成功するには、小さいことをこつこつ積み上げていくという精神力を養わなければならない。終わりのない継続的な自己啓発が大切だ。人生のあらゆる分野で日々小さな改善をしていく、ということだ。すすんで「もうひと押し」するのだ。もう一本電話を入れる。あともう少し歩く。もう一通手紙を書く。

ここで約束しよう。この原理をとり入れて小さな改善を日々していくなら、あなたは想像もしなかったような恩恵をまもなく得ることになる。この小さな日々の努力は自然に勢いがつき、やがて大きな結果を生むはずだ。

うまくいくヒント71

ちょっとうまくいったからといって気を抜かずに「もうひと押し」する努力をしよう。

72

ほしいものに意識を集中する

私たちは自分が思い続けることによって本当に現実をつくり上げている。ずっと心の中に抱き、信念をもって働きかけると、その内容が望ましいかどうかとは関係なく、どんな思考もやがて目に見える形となって現実となる。私はこれをたんに書いているだけではない。私は過去数年間、この原理が何度も実証されるのを見てきた。

はっきりと定義され、紙に書かれた目標は、確実に働きかければ、やがて現実となる。

これは普遍の法則なのだ。なぜ、どうやってこれがうまくいくのか？　それはわからない。私はそれがうまくいくということを知っているだけだ。

ほとんどの人にとって最もむずかしいのは、自分が何を本当に求めているのかを知ることだ。小さい子どもたちはこれをいともたやすくやってのける。子どもに何がほしいかと聞いてみるといい。ほしいものを書いたリストを手渡してくれるだろう。どういうわけか、私たち大人はこの方法を忘れてしまっている。おそらく、「現実的になれ」とか「自分がもっているもので満足しろ」と言われ続けたからだろう。しかし実際には、私たちはほしいものをなんでも手に入れることができるのだ。だからまず、本当にほしいものを自問することから始めるといい。

目標に意識を集中するのにとくに有効だった練習を二つ紹介しよう。まず一つ目は、「夢のメモ」を書くことだ。ほしいもの、なりたいもの、したいことをすべてリストアップするのだ。価値判断をする必要はない。夢のまま書こう。大きな人生を望むなら、大きな夢がいくつも必要だ。本当に重要な目標はあとでその中から選ぶことができる。

次は、自分の五年後を想像することだ。部屋に入って、自分と握手をする。あなたの目に映るのは、どういう人物か？　どんな表情をしているか？　何をしているか？　何をしてきたか？

人生で手に入れたいものを明確にするためのテクニックとして以上の二つを利用してみるといい。あなたが望む人生の設計をいまから始めよう。私は、あなたが「私は自分の夢を実現して生きている」と心から言えるようになり、その喜びを知ることを願っている。

うまくいくヒント72

思考は現実になる。手に入れたいものを思い続け、夢を実現しよう。

第8章

より大きな成功を目指す

賢い人は、
徹底的に楽天家である。

アンドリュー・カーネギー（アメリカの実業家）

73

大きな夢をもつ

プラス思考の提唱者として名高いノーマン・ビンセント・ピールは、「大きな人生を送りたいと思うなら、大きな夢をもつ必要がある」と言った。

もっと素晴らしい人生を送ることができるのに、なぜ、あまりにも多くの人がそれ以下の人生で妥協しているのだろうか。なぜ、大きな夢をもつことを恐れてしまうのだろうか。

自分がもっている夢について考えてみよう。自分にできることを限定してしまい、ちっぽけな夢で自分の人生を妨害していないだろうか。**本当にほしいものを追求せずに妥協して自分を限定するのではなく、大きな夢をもって飛躍しよう。**

自分が本当にほしいものについて考えよう。自分の能力に限界がないとしたら、どういう人生を送りたいか。ほしいだけのお金が手に入るとすれば、それはどれくらいの金額か。

大きな夢をもつために想像力を発揮しよう。夢をもつことができるなら、それを成し遂げることもできるのだ。

目を閉じて理想の収入を想像しよう。自分がそれだけの収入を稼いで、そのプロセスを楽しんでいるところをイメージする。理想の収入を得るということがどういう結果をもたらすかを実感しよう。あなたの人生はどうなるか。何をもっているか。どこに住んでいるか。誰と成功を分かち合っているか。その収入を得たことで手に入るいい面をすべて想像しよう。どんな気分だろうか。

あなたは大金を手にした自分の姿を想像するのに苦労するだろう。自分にできるという感覚が身につくまで、ほとんどの人がそうだ。まわりを見てみよう。高収入を得ている人がほかにいるだろうか。もちろん、いる。それなら、あなたにもできるはずだ。あとは、心に描いた人生を築き上げるためにすすんで努力をするかどうかという問題にすぎない。

大きな夢を心の中で描き、行動を起こし実現しよう。自らすすんで行動するなら、ほしいものはなんでも手に入れることができる。

うまくいくヒント73

本当にほしいものを想像し、それに向かって行動し努力しよう。

74

手に入れたいものを鮮明にイメージする

鮮明にイメージすることができれば、それは実現できる。本来、身のまわりにあるあらゆるものは、それを発明したり創造したりした人たちの心の中に浮かんだアイデアにすぎなかったものばかりだ。

手に入れたいもののために、毎日、時間を投資しよう。誰にも邪魔されない静かな場所に座る。寝る直前と目を覚ましたときが最適だ。目を閉じて深呼吸を数回し、リラックスする。落ち着いて安らかな気持ちになろう。次に、ほしいものをイメージする。できるだけ鮮明にイメージするのがポイントだ。力んではいけない。色彩と音声に香りをつけ加えてみよう。すべての感覚を動員するのだ。

心の眼に映画のスクリーンを思い描き、それにイメージを投影する。そして、リラックスして、その映像を見る。完璧な映像でなくてもかまわない。大切なのは、人生で手に入れたいものを潜在意識に焼きつけることだ。

肥満を解消して健康増進を目指すなら、なりたい自分になっているところをイメージする。新居がほしいなら、新居の様子を心の眼で描く。部屋は？　台所の様子は？　夫婦用の寝室は？　居間の窓からの眺めは？　書斎は？　できるだけ詳細にイメージしよう。

数分間、イメージしたのち、「これはすべて、私の生まれながらの権利だ」と自分に言い聞かせよう。毎日、十分ほどおこなうことで、あなたの人生が軌道に乗り、潜在意識の力を活用して目標の達成に役立てることができる。

リラックスして楽しみながらこの練習に取り組もう。興味深い逸話がある。フロリダ州オーランドでディズニー・ワールドが開園した日、レポーターがロイ・ディズニーに「弟さんがこれを見る前にお亡くなりになって非常に残念ですね」と言った。すると、ロイは即座にこう言った。

「いいえ、ウォルトは完成前からこれを見ていました。だから、いま、みなさんが見ることができるのです」

うまくいくヒント74

手に入れたいものをイメージする時間を毎日つくり、潜在意識に焼きつけよう。

75

理想を実現した自分として行動する

健康で引き締まった体になりたいと思っているのに、肥満していて不健康なイメージを引きずっていないだろうか。金持ちになりたいと心の中で思っているのに、貧しく困っているイメージをもっていないだろうか。自分で事業を起こして活躍したいのに、現在の仕事で昇進できないことに不満を感じていないだろうか。

もしそうなら、自分に対するイメージを変えなければならない。そのために、まず、なりたい自分になっている自分をイメージすることから始めよう。なりたい自分の特徴とライフスタイルを確認するのだ。

すべての変化は心の中で始まる。周囲の環境を変える前に、まず自分をいままでとは違うイメージでとらえなければならない。

なりたい自分のように考え、話し、行動しよう。そうすることが、あなたを将来のあなたに向かって動かすことになる。たとえば、愛情豊かな親になりたいなら、今度、子どもに腹を立てそうになったとき、「なりたい自分なら、この状況でどういう行動をとるだろうか」と自問しよう。

私たちが自分の足を引っ張るパターンの一つは、進歩を妨げる古いイメージを心の中で引きずって、その映像を何度も再生してしまうことだ。裕福になりたいなら、貧乏なイメージは捨て去ろう。お金が足りないことを口にしたり、請求書について文句を言ったりするのはやめよう。裕福な人なら、そういうことはしない。

裕福になるための秘訣の一つは、自分がすでに裕福であることを「確認」することだ。自分がすでにもっているものすべてに感謝しよう。恵まれている点を数えよう。たとえ自分がひどく貧しいと思っていても、先進国に暮らしているなら、世界中のほとんどの人よりも暮らし向きがいいはずだ。現在の財産、健康、機会を確認することによって、さらに多くのものを引きつける心理状態をつくり出すことができる。「もつ者には、さらに多くのものが与えられる」という格言を思い出そう。

うまくいくヒント75

自分がすでになりたい自分であることを確認し、そのように行動しよう。

76

経済的成功を楽しむ

「私はお金には興味がない」「お金はそれほど大切ではない」と言っている人は、たいてい貧しいという事実に、あなたは気づいているだろうか。お金の大切さを否定する人は、ほとんどの場合、経済的にうまくいっていない人なのだ。

貧しいことは高潔なことなのだという屈折した考え方の人もいる。一時期、私もそういうふうに感じていた。しかし、それは自分を卑下し破滅に導く考え方なのである。「清貧」を自分の生き方にしている聖者を除けば、貧困が人間の最善の面を引き出すということはありえない。このことは、貧困にあえいでいる地域を訪れるとすぐにわかる。そこに何が見えるだろうか。お互いに助け合っている人々の姿か、劣悪な生活環境ゆえに犯罪に走る人々の姿か。おそらく後者のはずだ。

もちろん、例外は常にある。貧しくても親切で心の温かい人たちは大勢いるし、人々を助けるために低所得の地域に住んで働くことを選ぶ人たちもいる。しかし、貧困が人間の最善の面を引き出しているケースを、私は一度も目にしたことがない。自分が生きていくのに精一杯では、他の人のことまでかまっていられないのだ。

貧困と心の豊かさを混同してはいけない。心の豊かさを重んじる人で成功をおさめ、金持ちの人もいる。**他人を助ける手段と気持ちさえあれば、人助けのためにもっと多くのことができるのだ。**金銭面も含めて人生のあらゆる面がうまくいっている成功者と話をすれば、有益な話が聞けるだろう。

ただし、誤解しないでほしい。お金を崇拝すべきだとか、お金には至上の価値があるなどと言っているのではない。お金にはそれなりの価値がある、と私は主張しているのだ。お金は道具であり、目的を達成するための手段としての役割がある。何かを築くために使うこともできるし、破壊するために使うこともできる。

経済的成功を楽しもう。もちろん、将来のために投資をしたり、ある程度の貯金をしたりすることは賢明で節度のある行為だ。しかし、自分が稼いだお金で楽しみを得ているなら、さらなる経済的成功の動機づけになる。

うまくいくヒント76

お金を否定せず、自分が稼いだお金を正当に使って楽しもう。

77

お金とモノをコントロールする

自分が所有しているモノの奴隷になってはいけない。あなたがモノを所有しているのであって、その逆ではないことを確認しよう。私は数年前、モノに執着しないことについて素晴らしい教訓を学んだ。おかげで、自分の人生を広い視点から見ることができるようになった。

それは、当時学んでいたヨガの先生のご自宅に招待されたときだった。私は車で向かった。運転しながら、精神面を重視するヨガの先生のお住まいはどんなところだろうと想像してみた。何もない部屋の中で木の床の上にみかん箱を置いて座り、玄米と豆腐を食べている姿を想像したりした。

先生のご自宅に着くと、その豪華さに驚かされた。プールつきの豪華マンションだったのだ。広々としたマンションの中は、ふかふかした純白のじゅうたん、チーク材でできた家具、ステレオ、見事な手工芸品、掛け物で装飾されていた。私が気づいたのは、これだけの素晴らしいモノを所有していながら、ご夫妻はそれには執着していなかったことだ。所有物を楽しんではいたが、ある日、それを全部失ったとしても、打ちのめされないだろうと思った。

モノに執着しすぎないという教訓は、私にとって貴重な教訓となり、数年後、すべてを失ったときに精神のバランスを保つのに役立った。**お金とモノに人生をコントロールされてはいけない。あなたがお金とモノをコントロールするのだ。**お金とモノを楽しむのはかまわないが、自分の価値観に忠実であり続けたいものだ。

富は、あなたが生まれながらにしてもっている権利だ。あなたには、あなたが望むだけの富と繁栄と成功を手に入れる価値がある。

うまくいくヒント77

富を手に入れることは素晴らしいが、それに執着しないようにしよう。

78

アドバイスを求める相手は慎重に選ぶ

求めてもいないのにアドバイスをしたがる人がたくさんいるという事実に、あなたは気づいているだろうか。

誰からアドバイスをしてもらうかについて、私はシンプルな原則に従っている。**病人から健康上のアドバイスをしてもらわない。一文無しの人からお金に関するアドバイスをしてもらわない。無職の人から仕事のアドバイスをしてもらわない。以上だ。**

私はこの数年間、ベンチャービジネスに挑戦した人たちが、新しい事業について友人に相談している姿を見てきた。しかし、その友人が成功をおさめているのでないかぎり、これは大間違いだ。事業についてアドバイスをしてもらったり情報を入手したりしたいなら、事業を起こして成功している人を見つけて質問をすることだ。そういう人を何人か見つけて話を聞けば、状況を客観的に把握できるはずだ。

指導者やお手本とすべき人物を選ぶとき、実際に体験した人を見つけるようにしよう。

あなたが業績を上げたいと思っている分野で成功をおさめた人を選ぶのだ。これは健康面や金銭面、教育、人間関係など、人生のさまざまな面にあてはまる。

健康でいたいなら、肥満している人やタバコを吸う人、病気がちな人にアドバイスを求めてはいけない。健康で元気はつらつとした人を見つけて、お手本にすべきだ。

シンプルで当たり前のように聞こえるだろうが、自分の言っていることがわかっていない人にアドバイスを求め、それに従っている人がいかに多いか。私はこの事実にいつもあきれている。

不幸なことに、多くの人は、仕事に行き詰まっている友人から「事業を起こしても、なぜうまくいかないか」という講釈を聞き、肥満している病人から「ビタミンを摂取してもお金の無駄だ」という意見を伺い、食うや食わずの生活をしている人から「裕福になる方法」を学ぼうとしている。

確実に成功をおさめたいなら、あなたがお手本にしている人物が、あなたの求める資質を実際に備えているかどうかを確認することが大切だ。

うまくいくヒント78　実際に成功している人を見つけてアドバイスを聞こう。

79

成功者をまねる

成功のためのおそらく最強の戦略であるのにほとんど使われていないのは、「成功者をまねる」というテクニックだ。

簡単に言えば、**あなた自身が成し遂げたいと思っている結果をうまく実現した人を見つけて、その人がどういうことをしたかを調べ、同じことを実行する、ということだ。**もし誰かの信念、行動、戦略をまねれば、その人がおさめたのと同じような結果が得られる。

たとえば、あなたが体重を二十キロ落としたいと思っているとしよう。痩せては太り、また痩せるというダイエットをして栄養失調に陥る前に、うまく体重を落としてスリムな体型を維持している人を見つければ、多くの時間と苦痛と欲求不満を取り除ける。そして、その人の話を聞いてみよう。その人は自分に何を言い聞かせているか？　どういう行動をとっているか？　スリムな体型を維持する秘訣は？

あなたが実際に行動を起こす際にその人と同じプロセスをたどるようにすれば、同じような結果が得られる。人間の能力にそんなに大きな違いがあるわけではない。肉体的にも情緒的にも感情的にも似通っているし、神経系もほとんどまったく同じように反応する。

たとえば、あなたが事業を立ち上げたいと思っているなら、業界でトップの地位を確立している人たちを探し出して、どうやって事業を成功させたのかを直接聞いてみるといい。私の経験では、真の成功者というのは快く秘訣を教えてくれるものだ。彼ら自身、はじめは誰かに手伝ってもらっている。もしなんらかの理由で教えてくれないなら、ほかの人を探せばいい。すでに成功をおさめた人たちの戦略をまねることによって、あなたは成功へのプロセスを短縮し、数多くの手痛い失敗や挫折をせずに済む。

健康、富、学問、人間関係、信仰など、あなたが求めているものがなんであれ、成功の秘訣を知っている人は必ずいる。その人たちの経験を参考にし、お手本にすることは理にかなったことだ。

うまくいくヒント79

自分が求める結果を実現している人を見つけ、秘訣を聞いて同じようにやってみよう。

80

自分の創造性に気づく

何年も前、アーニーという仕事仲間がいた。私より十歳ほど年上で、一部の人から見ると、少し変わったところのある人物だった。奇妙な意見をよく言うのだが、優秀なセールスマンなので私は適当に調子を合わせていた。私は彼が好きだった。いま振り返ると、彼は当時の私がまだ開発していなかったいくつかの基本原理をすでに身につけていた。

ある日、アーニーは私のオフィスにやってくると、いつものように「いいアイデアがある」と言った。いつものセリフだ。近くの公園で昼食をとっていたら、一羽のアヒルが近寄ってきたという。アヒルが食べ物を求めたのだろうと普通なら思うところだが、アーニーは違った。彼に言わせると、アヒルはメッセージを運んできたというのだ。「アヒルと話し始めたところ、こんないいアイデアを教えてくれた」と彼は言って、私にもそれを教えてくれた。

いまの私には、アーニーが何を言おうとしていたかが理解できる。創造的なアイデアを生む手順などないということを教えたかったのだ。創造的になろうとして、なれるものではない。

「自分は創造性に欠ける」と嘆く人は多い。ばかばかしいことだ。私たちはみな、もともと創造性をもっているのだ。しかし、**創造性は人によってそれぞれ違う。**文章を書くのが得意な人、絵を描くのが得意な人、食事をつくるのが得意な人。これらはすべて創造性によるものだ。たまたま絵を描くのがうまくないからといって、「創造性に欠ける」ということにはならない。

うまくいくヒント80

自分が創造性に欠けるなどと嘆かず、どんな分野の創造性をもっているか考えてみよう。

81

能力を高めるための読書に時間を投資する

自己啓発書や自分の興味のある分野の本を読むことに時間を投資しよう。毎日十分ほどでいい。このシンプルな変化を起こすだけで、新しいことを学ぶために年間六十時間ほどを使うことになる。一日わずか十分ほどの時間を投資することで、これだけ多くの学習が可能になるのだ。五年か十年も継続すれば、あなたはその分野の「権威」になれるだろう。

あまりにも多くの人が、学校を卒業したとたんに学習をやめているのが現状だ。そのかわり、新聞やゴシップ誌、恋愛小説などを読んで貴重な読書時間を浪費している。車の中では最新のヒット曲に合わせて口ずさむ。これを全部やめろ、などと言うつもりはないが、できるだけ控えたほうがいい。通勤時間を自分の能力開発に使うほうが得策だからだ。

世の中はめまぐるしく変化しているから、私たちは技能を絶えず磨いて変化に対応していく必要がある。職場はもはや終身雇用を保障しなくなり、企業は最高の技能を提供してくれる人材を求め、優秀な人材に有望で高給が期待できる地位を与えている。会社が研修費用を払って従業員の能力を向上させてくれることは、もはや期待できない時代だ。能力開発は自分でするしかない。

世界で最も成功している直販会社の一つが新人のセールスマンを鍛えて成功できるよう支援するために使っている学習法を紹介しよう。その会社では、セールスマンに毎日約十分を投資して自己啓発書を読むよう指導している。この指導に従えば、一カ月で約一冊、年間で約十二冊の本が読める計算になる。

私自身、この学習法を実践して、たいへん興味深く有益なことを学んだ。自己啓発書を読んだ日は、読まなかった日と比べて、心の姿勢がよくなって意義深い経験ができたのだ。ほんの短い時間であっても、自己啓発書を読むことによってポジティブで楽天的な姿勢で一日をスタートすることができる。

うまくいくヒント81
自分の能力を高めるために、一日に十分でいいから読書をしよう。

付録

習慣を身につけるエクササイズ

EXERCISE 1

自分の棚卸し

紙とペンを用意し、次の質問に対する答えを書き出してみよう。

■あなたは自分の体のどんな部分に不満を抱いていますか？

■健康のためにどんなこと（運動とか食生活の工夫など）をしていますか？

■家族や愛する人たちとの関係を改善するためにどんなことをしていますか？

■いまの仕事のどういうところが好きですか？

■いまの仕事が好きではないなら、本当は何をしたいのですか？

■どんな技能をもっていますか？

■趣味は何ですか？

■自分について一番気に入っているのはどういうところですか？

■自分について一番気に入らないのはどういうところですか？

自分について変えてみたいところだけでなく、自分について気に入っているところもリストアップしよう。私たちはともすれば自分の「悪いところ」ばかりを並べて、よいところを見すごしてしまう傾向がある。なるほど、変えたいと思うような要素はたくさんあるだろう。しかし、満足している部分があることを思い起こして自分を元気づけることが大切だ。自分の進歩を計るためにも、そのリストは時おり見直してみるといい。

EXERCISE 2

変化を起こす

EXERCISE 1の「自分の棚卸し」に基づいて、自分の人生で変えてみたいと思うことを一つまたは二つ書く。

1

2

書けたら、次の質問に答えていこう。

■自分が望む変化を起こすために、たったいまあなたができることは何ですか？

■自分が変化するために学ぶべきことは何でしょうか？
どんな新しい技能を身につけたらよいでしょうか？

■自分が進歩するには何が変わる必要があるでしょうか？

EXERCISE 3

目的を見つける

次の質問に答えてみよう。

■あなたの目的は何ですか？　あるいは、あなたの意欲を奮い立たせるものは何ですか？

■あなたの人生で大切なものは何ですか？

■朝、ベッドから飛び出して「今日一日がんばろう」と
あなたに思わせるものは何ですか？

■あなたは、世間の人に自分についてどんなことを覚えてほしいですか？

■あなたの存在意義は何ですか？　命を賭けて守りたいものとは何ですか？

EXERCISE 4

行動する理由を見つける

1　EXERCISE 2の「変化を起こす」を参照してほしい。あなたが起こしたい変化をどちらか、または両方選び、行動することによって得られるものをすべて書き出してみよう。それがあなたのコミットメントの理由になる。

必ず自分の心の奥底まで探り、最もやる気を起こさせる理由を見つけよう。自分で事業を始める場合であれば、「家族ともっと多くの時間を過ごしたい」とか「いつまでも使われる立場でいたくない」というのが理由だろう。減量が目標なら「長生きしたい」とか「誰か特定の人を惹きつけたい」というのが理由だろう。思いつく理由をできるだけ多く書き出してみよう。

2　次に、いまそれをせずにあきらめているものを書く。自分にとことん厳しくしよう。目的は、自分に行動力を与えて、成し遂げたいと思っていることに真剣に打ち込めるようにすることだ。たったいま失いつつあること、いま真剣にならなければ将来的に失う可能性のあるものを考えてみよう。

EXERCISE 5

何を手に入れたいかをはっきりさせる

あなたがいまどのような行動をとっていようとも、それがなんらかの結果を生み出すことを理解しておこう。もしあなたが人生でほしいものを手に入れていないなら、その原因は、あなたのとっている行動が結果を生み出していないからではない。非効率的な結果を生み出しているということなのだ。たとえば、数キロ痩せたいのに実際には体重が増えていたとしても、あなたは結果を生み出している。ただ、それがあなたの求めている結果ではないだけのことだ。

これから紹介するのは、あなたが望む結果に意識を集中し、あなたがとっている行動の結果を計るうえで役立つ簡単なエクササイズだ。

1　まず、あなたが得たい結果をリストアップする。

2　次に、その結果を生み出すためにあなたがとっている行動は何かを把握する。

3　次に、その結果はどうかを書き出す。あなたは自分が望んでいる結果を得ているだろうか。もしそうなら、素晴らしい。もしそうでないなら、次の設問に答えよう。

4　あなたは望みとおりの結果を手に入れるために自分の行動をどのように変えたり修正したりすることができるだろうか？

EXERCISE 6

自分が恐れているものをはっきりさせる

次の質問に答えよう。

1　あなたは何をすることを恐れていますか？

2　起こりうる最悪の事態とは何ですか？

3　それが起こる確率はどれくらいですか？

4　それをしないことで失うものは何ですか？

5　それをすることであなたは何を得ますか？

いますぐそれをしてみよう！

EXERCISE 7

目標を設定する

このエクササイズには三十分から一時間、あるいはそれ以上の時間を割いてほしい。誰にも邪魔されない静かな場所に行こう。紙と筆記用具を用意しよう。

1　自分が論理的で理性的な大人であることをしばらく忘れてほしい。子どもの心で考えてみよう。五歳か六歳のころに戻ったような気分になろう。いよいよクリスマスだ。あなたは座ってサンタクロースと話をし、ほしいものを全部打ち明ける。大きな夢を抱こう。牧師でベストセラー作家のノーマン・ビンセント・ピールは「大きな人生を望むなら、大きな夢が必要だ」という言葉を残している。

もうしばらく論理的な思考は眠らせておいて、想像力をかきたてよう。子どもは大きな目標をいともたやすく設定する。五歳の子どもに何がほしいかを尋ねれば、おそらく「ディズニー・ワールドがほしい」といった途方もない答えが返ってくるだろう。さあ、いまは、あなたがしばらく子どもになる番だ。

まず、「モノ」の目標から始めよう。十分から十五分の間、人生で手に入れたいものを書いてみよう。新車？　飛行機？　船？　遠くまで旅をしたい？　イルカと泳いでみたい？　郊外に別荘を建ててみたい？

できるだけ速く書いてみよう。詳細はいますぐにはいらない。骨子となるアイデアを書くだけでいい。論理的に修正する必要はない。それらのものを手に入れる方法については、とりあえず気にとめなくていい。ほしいものを書けばいいのだ。

2　次に、自分の人間としての向上について同じ練習をしてみよう。あなたは自分の人生をどのようにしたいだろうか？　肉体的なコンディションや健康は？　どういう技能を学びたい？　外国語を学びたい？　学校に行って勉強したい？

3　さて、経済的な目標はどうだろうか。一年後にどれだけのお金を手に入れたいだろうか？　五年後は？　十年後は？　どれだけのお金を貯めたいか？

EXERCISE 8

理想の日を創り出す

毎日が自分にとって完璧な日であると想像してみよう。もしあなたのするすべてのことがちょうどそうしようと思っていたことで、起こったことがすべて期待どおりであったなら、あなたはどういう気分だろうか。

毎日が予定どおりに展開することを期待する前に、それぞれの日をどういう一日にしたいかをまず明確にしなければならない。このエクササイズで、あなたの完璧な一日を設計してみてほしい。あなたなりの基準で完璧だと思う一日について、あなたがどういう感情を抱くか考えてみよう。

1　朝起きたときから始めて、「完璧な日」の行動プランを書いてみよう。

2　それを書く際、あなたが抱く感情にとくに注目しよう。

■あなたは自分の仕事についてどういう感情を抱くだろうか。

■自分が日々の活動の中で出会う人々と楽しそうに交流している姿を連想しよう。

■書きながら、自分が素晴らしい経験をしているところを感じてみよう。すべての出会いに喜びを感じとり、一日を通して得られる楽しみを実感しよう。

3　このエクササイズは毎日おこなおう。そうすることによって、素晴らしい経験ができるような心のもち方を確立できるはずだ。

4　特定の活動に意識を集中するよりも、その活動の結果について考えよう。そうすることによって、あなたはどういう感情を得るだろうか。実際の活動はさまざまだが、あなたが探し求めているのは、気持ちのよい感情だ。

EXERCISE 9

ほしいものを手に入れる三つのステップ

1　決定し、定義する

自分がほしいものを決定する。それをできるだけ明確に定義する。紙に書く。それが起こっているところを視覚化する。それについての格言を書いて口に出して言う。自分がほしいものを明確にし、意識をずっと集中するためにできることをなんでもする。

2　行動を起こす

自分の目標に向かって行動を起こす。足を使って仕事をする。人生でほしいものに向かって段階的に歩み続ける。

3　流れにまかせる

万事があなたにとって常に最高の利益となるように起こっていることを知ろう。あなたは物事を起こす必要はない。

注意＝あなたがとっているる行動が明らかにうまくいっていないなら、行動を変えること。

EXERCISE 10

思いやりのある行為をする

次の質問を自分に問いかけ、答えを紙に書いてみよう。

1　他人の役に立つために、私は何ができるだろうか？

2　私は人々と分かち合うことができる、どんな資質をもっているだろうか？

3　今日、私は世の中をよくするためにどういう行為をすることができるだろうか？

（他人の人生にプラスになるために必要なのは、電話一本や親切な言葉だけで十分な場合もあることを覚えておこう。）

おわりに

あなたはより幸せで充実した人生を送る途上にある。もしここまで読んできたなら、長続きする幸せとわくわくする人生はあなた自身の心の姿勢や行動における小さな変化によってもたらされることに気づいたはずだ。

もしあなたがもっと高いレベルでの成長を手に入れたいなら、自己啓発書を何冊も読み、講演会などにできるだけ参加するといい。そして、アイデア、目標、感じたことを日記につけることだ。それは、自分の進歩を把握する素晴らしい方法だ。

気分を高揚させ、励みになるような本を日ごろから読む習慣を身につけよう。自分の経験をつくり、運命を形成するのは、私たち自身の日々の行為なのだ。

人生の中で最も大切なのは楽しむことだ。自分に優しくしよう。人間は完璧である必要はない。心配せず、気楽な気持ちで人生を送ろう。

そして、情熱をもって生きよう。人生にわくわくしよう。自分の世界を十分に体験するのだ。人生という旅で出会う人たちに親切にすることを忘れてはいけない。とりわけ、自分には。

私は、この本をあなたが読んでくれてうれしく思う。あなたが人生で最高の幸せと成功を手に入れることを願っている。

ジム・ドノヴァン

訳者あとがき

この本には、あなたが夢見てきた人生を創り出すために役立つ情報と簡単なエクササイズがたくさん書かれている。

説得力があるのは、著者ジム・ドノヴァン氏の経歴と深い関係があるのかもしれない。ドノヴァン氏はかつて自暴自棄になってアルコール中毒に陥り、周りの人から見捨てられて人生のどん底を経験した人物である。ニューヨークの安アパートに住んでいたとき、「共同の浴室を這い回る生意気なゴキブリににらまれたことが忘れられない」と述懐している。

しかし、ドノヴァン氏はあるとき、「この状態をいますぐ変えなければならない」と思い立ち、努力のすえに見事に社会復帰を果たした。現在、ペンシルベニア州の美しい環境で妻子とともに暮らし、雑誌のコラムや本、講演会などを通じて全米の多くの人々に愛と勇気と知恵を与える「生き証人」として活躍している。

本書の中でとくに重要なのは、次の三つに集約できるように思われる。すなわち、自分の人生の全責任をとる、絶対にあきらめない、やり方を変える、である。

著者は、「私たちは、自分が置かれている状況を自分以外の力のせいにして成り立っている社会に生きている」と指摘している。これはアメリカも日本も同じだ。「環境が悪いから私は受け入れてもらえない」「社会が悪いから成功できない」「景気が悪いから業績が伸びない」などと、自分の失敗や不幸を他人や環境のせいにするのが昨今の風潮である。責任転嫁をすると楽なように思えるかもしれないが、たいていの場合、それはなんの解決にもならないから、苦しみが続く結果になる。社会よりも自分を変えたほうがずっと楽だ。

著者はさらに、「絶対にあきらめるな」と説く。実際、成功まであと一歩というところまで来ていながら、粘り強さがほんの少し足りないために挫折してしまうことがよくある。ただし、同じやり方を続けて異なる結果を得ようとするのは「愚行」だとも指摘している。粘るだけでなく、状況を見て臨機応変にやり方を変えろ、というわけだ。

この本はあなたの人生をプラスの方向に変える力を秘めている。読むだけでなく、実際に行動に移して効果を体験してみよう。著者が繰り返し強調しているように、これはあなたの人生であり、リハーサル（予行演習）ではないのだから。

訳者しるす

本書は小社から2001年に出版された『何をしてもうまくいく人の条件』と2002年に出版された『できる人の習慣』を再編集して一冊に合わせ、改題したものです。

ディスカヴァー携書 177

何をしてもうまくいく人のシンプルな習慣

発行日　2016年12月30日　第1刷
　　　　2023年 5 月26日　第8刷

Author　ジム・ドノヴァン
Translator　弓場　隆
Book Designer　西垂水敦・市川さつき（krran）

Publication　株式会社ディスカヴァー・トゥエンティワン
〒102-0093　東京都千代田区平河町2-16-1 平河町森タワー11F
TEL　03-3237-8321（代表）03-3237-8345（営業）
FAX　03-3237-8323
https://d21.co.jp/

Publisher　谷口奈緒美
Editor　藤田浩芳

Marketing Solution Company　小田孝文　蛯原昇　飯田智樹　早水真吾　古矢薫　山中麻吏　佐藤昌幸　青木翔平　磯部隆　井筒浩　小田木もも　工藤奈津子　佐藤淳基　庄司知世　鈴木雄大　副島杏南　津野主揮　野村美空　野村美紀　廣内悠理　松ノ下直輝　八木眸　山田諭志　高原未来子　藤井かおり　藤井多穂子　井澤徳子　伊藤香　伊藤由美　小山怜那　葛目美枝子　鈴木洋子　畑野衣見　町田加奈子　宮崎陽子　青木聡子　新井英里　岩田絵美　大原花桜里　末永敦大　時田明子　時任炎　中谷夕香　長谷川かの子　服部剛

Digital Publishing Company　大山聡子　川島理　藤田浩芳　大竹朝子　中島俊平　小関勝則　千葉正幸　原典宏　青木涼馬　伊東佑真　榎本明日香　王廳　大﨑双葉　大田原恵美　坂田哲彦　佐藤サラ圭　志摩麻衣　杉田彰子　滝口景太郎　舘瑞恵　田山礼真　中西花　西川なつか　野﨑竜海　野中保奈美　橋本莉奈　林秀樹　星野悠果　牧野類　三谷祐一　宮田有利子　三輪真也　村尾純司　元木優子　安永姫菜　足立由実　小石亜季　中澤泰宏　浅野目七重　石橋佐知子　蛯原華恵　千葉潤子

TECH Company　大星多聞　森谷真一　馮東平　宇賀神実　小野航平　斎藤悠人　林秀規　福田章平

Headquarters　塩川和真　井上竜之介　奥田千晶　久保裕子　田中亜紀　福永友紀　阿知波淳平　近江花渚　仙田彩歌　池田望　齋藤朋子　俵敬子　宮下祥子　丸山香織

Proofreader　文字工房燦光
DTP　株式会社RUHIA
Printing　共同印刷株式会社

携書ロゴ：長坂勇司
携書フォーマット：石間　淳